LOVE

愛»
是唯一的
吸引力法則

聽高靈談情・說愛

ASHA
著

目次

4 靈性之愛 127

自序

《愛是一切的吸引力法則》是一本來自於無形世界的集體創作。

在2017/10/10 01:01，帶領我的高靈們與CD高靈，像往常一樣與我連結，並且透過我的身體去感應我所處的環境，與祝福即將相遇的人們時，剎那間，有股陌生的能量，由頭頂轟然而下，竄入體內，接著浮現出未曾見過的畫面，包括許多宇宙符號。那時刻便是我與「阿斯卡士」，一位來自天王星存有的首次相遇。

很享受這三年與阿斯卡士相處的時光，祂超級酷，從不拐彎抹角。

例如，我有一位朋友很熱衷於服務他人與社會，對於她而言，這就是大愛。在她的認知裡，此生若沒有完成這些大愛的弘願，將會留下遺憾，不過她也為此勞於奔波。阿斯卡士很直接地跟我說：

「她認為，活著的意義是透過做著慈善的事，讓身邊的人因她而有所獲。其實，在另一個層面，她的內心是不快樂的。如果她可以輕鬆地愛著、享受著她的生活，才會真正懂得什麼是大愛。Asha，妳認為呢？」

我心想，外星人都這麼直白？

才閃過這念頭，阿斯卡士似乎已接收到，因此在我還未開口說話時，祂已接著說：「我們之間其實也不需要存在著這樣的對話。」

阿斯卡士說：「人類過度地從外在投射自己的生命狀態，並且習慣共感外在世界的悲，以『想要幫助別人』的心態，來實現自我價值。人類真的只需要照顧好自己的事、自己的心，停止主觀的認為別人需要被幫助，善行將自然而然發生。」

這三年來，高靈們、阿斯卡士與冥王星的療癒場，一直在傳遞著相同的訊息——「愛是一切的吸引力法則」，此書，於是誕生了！

近幾年人類意識大幅開啟，身心靈需要更穩定，才不至於有過大的內外衝撞。台灣人民情感豐沛，氣根連結厚實，因此身心底蘊深厚；但因為濃稠情感的記憶與過度受壓的情緒，在心靈的部分會產生動盪變幻。此時此刻更需要學習靈性上的穩定，才得以有大釋放的清理。

新冠疫情似乎是宇宙重重地踢了人類一腳，讓我們親臨愛的學習場。

在此書中，高靈們與外星存有提供了一些方法，協助釋放過重與黏稠的情感包袱；也幫助大家理解，在所有七情六欲的業力故事背後，其實帶著宇宙最美好的祝福。

高靈們還說：除了愛的學習，我們也在學習更靠近宇宙頻率的真正自由，讓自己的頻率更為穩定。

何謂宇宙中真正的自由？真正的靈性自由是什麼？新冠疫情出現得如此完美，它讓我們明白，當我們對生命初始的「本」保有極大的敬意與愛意時，開始尊重地球生態平衡，真正的自由才可能油然而生。

以愛為本，人類將能維護著地球的和諧與平安，領袖將能護佑著國家與人民的生命安全；人們在嚴峻的考驗下，也依然能將整體放在優先考量。以愛為一切自由的前提時，是否能體悟，人與人之間非物質的相互扶持？是否能感受，我們所需真的不多？在疫情嚴峻的考驗下，行動雖然受限，帶著愛，是否體驗到了真正的自由？相信答案已經很清楚。

在宇宙靈性力量充盈洗禮下，在愛的吸引力之下，願全地球的萬物生靈再更淨化，每個人回到生為人最初的本，活出閃閃光芒的自己。

我願意，臣服於宇宙每一個完美的安排。

Asha．二〇二一年五月三十一日

1 愛情

愛情的傷痛

愛情，這兩個字來自於：一個人渴望與另一個人心意相通，在流動的能量場中學習愛與被愛。

愛情會令人聯想到的直接反應是「心繫」，強烈的愛意伴隨銷魂的欲望，深刻的愛情總有著揪心的故事情節。

我們不曾在地球當過人，也不曾體驗過人類一生追求的愛情故事，但我們選擇了這個主題。希望在這些訊息當中，可以灌注來自於冥王星的力量，它助長在地球的人們，可以在每份愛情關係中，仍保有屬於自己的力量空間；並藉由人類愛情，茁壯小愛與大愛的連結、小我與大我的相遇。

⊙ 愛情順遂，來自於真自信

愛情，從我們的視野看來，兩個人初遇時，心輪會因為彼此靈魂在愛的目的中相似，而分泌出一種「呼喚」的振動頻率，互相試探對方。

接著，頭腦中會有許多浪漫情懷，大多是幻想的思惟，會充滿腦部周圍；於是對方就開始會進入個人腦波中，「想念」便開始展開。

思念一個人如同靈魂灌注在此人，產生一種往外體驗結合的意圖。靈魂注入了愛的意圖，鼓勵人往前迎接愛。自信滿滿時，愛的力量會擴張，身體的屏障也無法阻撓個人愛的意圖。

愛的力量強大時，身體也會受鼓舞，想與對方融為一體，雙方便產生了性愛；愛的自信心缺乏時，靈魂灌注的愛，會透過身體四處分散，欲振乏力，這時即使有很深的緣分，也會把愛情談得東倒西歪，無處不是障礙。

自信心是愛情能順遂的第一要素，但太多人類不明白何謂真自信。

自信心絕對不是功成名就，不是有名有利就能在愛情上有十足的真自信。事業外在的成就跟靈魂天賦相關，而愛情的圓滿就跟「靈魂在此生地球經驗中想顯化愛的程度」有關。

靈魂通常有三個方向去顯化愛的能力：

第一：無法跟愛的人共同生活或在一起，只能將對方放在心上，或者對方已沒有活在人世間。

靈魂透過這經驗鼓勵此人，能擴大個人狹隘的愛情欲望，藉由思念或分離之苦痛，認識內在空缺的部分；最重要的是，活出心意相通的真自信，堅定並確切地知道，在某個空間或狀態中，雙方的靈魂是互相流動並彼此支持的。

第二：與「或許不是那麼愛的人」有婚姻關係，也有可能一生中沒真的感受到至愛的真情流露，愛情似乎離自己很遠。

此靈魂與對方的約定，或與自己的約定，通常是來學習認識自己體內的陽性與陰性，即內在女人與內在男人的交會。兩股力量交會，一樣能在自己內心深處產生戀愛的體驗，這也是真自信的一種呈現。

第三：真愛深情相遇，共享生命所有一切。

靈魂伴侶相遇，是為了突破各種身體印記的屏障，如：穿越跟愛的試煉相關的各種學習。相愛的靈魂因為有愛的相互支持，所以宇宙會給更深度的經驗學習，例如要突破萬難，超越各種人類思惟上的限制性，小如親人反對，大至性別、年齡、種族、宗教等的區別限制。

靈魂伴侶相遇，是愛的學習中最艱深的，內在各種尚未穿越的情緒，都會完全在對方面前曝光，毫無迴避。人類通常怕極了愛之痛，相遇強度高，放棄、臨陣脫逃的也不在少數。

想要穿越個人經驗的屏障，勢必要活出來自內心的真正自信，不輕易放棄也不輕易被陰暗面撲倒。放棄了一段至愛的關係，相同的來世會再度面臨，因為靈魂的最高等級修練就是「愛的課題」。

這三例以外的，有些人類天生被設定，對愛情毫無興趣也無意圖去擁有，這類人類通常靈魂意願是藉由別的關係，愛情以外的關係，去學習並擴大完整愛的經驗。

⊙愛情挫敗的印記

愛情為何會帶來傷痛？

只要有經驗過愛情的人都知道，甜蜜滋味總在負面情緒來時隨即被淹沒，因為愛產生的心痛是令人難受的；有時痛到極致，理智毫無駕馭的力量，精神狀態游離於各種瀕臨崩化的臨界點。

我們和 Asha 曾聊到，那些因為愛情挫敗來找她的朋友，身體都有個相同的印記刻在後心輪，在整個沿著脊椎的能量場中，都有相同的印記：過度敏感於愛的分裂與各種內心受傷的成長記憶。

後心輪就在我們胸口後方的部位，如果各位有經驗過情傷當下的感受，那感受就是來自於後心輪所引發放大的，心痛起來就像有個力量從後方往前推至胸口，痛徹心扉。我們明白，也透過 Asha 的身體明白了那份推不開的痛苦。

愛情在人類生活中之所以影響力如此巨大，是因為，後心輪的那印記來自於「靈魂成為胚胎，要成長成為一個獨立生命後與宇宙分離」的過程中，能否在一個安全、充滿愛的環境中順利脫離，是很重要的關鍵。

從胚胎開始有心跳至要生產前約四十九天，各種周遭的狀態，會使這生命在子宮中的成長過程烙下了關於愛的記憶。它不單來自於父母親的情緒，整個社會環境、地球狀態，都直接影響這記憶的。

較敏感的生命，會無意識中承擔起各種情緒，後心輪就會儲存這些記憶，然後再藉由各種關係課題的學習，釋放回歸到最純淨本始的狀態。「愛情關係」是靈魂顯化愛的意願中，最強也是最直接的經驗。

後心輪的印記是可通過自我覺察，在過程中快速清理與釋放的。如果你苦悶於單戀一個人，無法自拔跳脫，那麼就深入這個印記，能讓許多糾結逐漸雲霧漸開；你會不再執著於對方是否給你良好適意的反應，更多是你珍惜自己有愛的能力，並且引導痛苦蛻變成一種更深的同理慈悲心。

有時候我們困在一種假想的情境中，若持續沒有自癒的決心，後心輪濃稠的印記會被悲傷滋養成一種更包覆的氛圍。你們想，有誰有辦法真心靠近被傷痛包裹的人，而不受影響呢？即使兩人同病相憐、頻率共振，開始互相取暖，最終還是會以負面、相互投射結束關係的。

如果你們處在一段非常複雜並且傷心欲絕的關係中，請相信更大的存在意義。

你以為愛產生的傷痛導致無法割捨，誤以為放棄了就徹底失敗或一無所有，甚至興起了了結生命的念頭等等。你們知道嗎，自己決定死亡時間後的你，在無形空間中，會用更長的時間才能掙脫束縛。

人類有身體感覺情緒、感受痛苦，是直接感受並且具體的。自殺的靈魂即使獲得親人協助他走回光中，另一條靈識（魂魄之一）是會禁錮在某個固著的空間中，毫無出口；直至回到光中的另一條靈識虔心精進，方能救贖自己自殺的行為。相較來說，那所要滯留的時間，遠比人類在肉體中短短數十年來的不易。

還有一種情形：回到光中的靈識決定再度投胎成為另一個生命後，那自殺後被凍結的靈識會始終相連，超越愛的課題又比上一世多了層複雜。

當然，所有的空間中，一定有可解決的方式。如果你有親人已經選擇了放棄生命，生前經歷精神各種情緒無力掙脫的情況，有個最直接可以幫助整體的方式，請你們務必把握這超級神速的療癒黃金期。

⊙療癒後心輪

當你們經歷巨大傷痛時，釋放後心輪的印記，每個人專心於自我療癒與成長，就是對已故的人最好的回禮。

沒有任何人，在自己沒準備好的情況下，藉由外力就可終極解決問題，也許只是短暫的舒緩。但藉由其他人的存在並深入自我療癒，所得到的成效是可觀並恆常的。

你們若一直處在一段難以抗拒的情感糾纏中，頭腦就會去找答案，太多人想知道的是未來的結果；頭腦習慣掌控，頭腦也同時會想去掌控自己所愛的人，但掌控發出的意圖與靈魂的意圖，通常是相差十萬八千里。

請問，除了將自己變得更好以外，有哪個人、哪個關係可以耽溺在某個無可救藥的窘境中而自有出口呢？壓抑個人、忍受，也都是後心輪印記所引發的各種情節，這樣的關係，長久下來也是失衡的。

親愛的人類朋友們：愛情要枝葉盛開、繁花茂盛，請釋放我們很準確告訴你的部分——後心輪。療癒它，至少你會明白，自己已有足夠的力量支持著自己的愛，即使在最糟的障礙之前。

如何釋放後心輪的印記？

．請找個可以獨處的空間，盤坐並且背部挺直。脊椎挺直是不需要用力的，感覺身體在放鬆並呈直線的狀態中。

如果你有嚴重的脊椎生理上的問題，你必定會感覺自己很難將身體拉直，這時請配合物理治療，可幫助你進入更好的靜心品質。

人的身體有自我平衡的功能，即使骨頭錯位或壓迫了神經系統，姿勢移動、瑜伽、安全的民俗療法，日積月累，帶著愛與耐心，讓身體逐漸回到該坐落的位子，再配合每日的靜心，身心都會有卓越的成效。

．當你能感覺到自己身體進入放鬆的狀態，接著放掉頭腦思緒，靈感或靈魂的意圖會在你頭腦無念時充滿你。慢慢地，連自己的身體也放掉，進入寂靜之中。

．接著將意念放置於後背的能量場中，記得專注並且單單純純的。同時間身體和頭腦都是放掉的狀態，無念時療癒場會自動產生，意圖進入後心輪。

第一次若不上手，不用著急，每一次、每一天都會逐漸進步的，因為療癒場會先將身體不流動的部分打通並清理，身體會一天比一天更輕盈，後心輪也會從濃稠的狀態逐漸鬆開。

・請對自我療癒保持信心與耐心，急於完成並快速通關，通常會是人格的控制，或恐懼被宇宙放鴿子的價值信念。在宇宙裡，沒有人是被放棄的。

自我療癒是充滿詩意與創造的過程，任何樣貌都是值得探索與全心貫注的。

・開啟療癒場時，頭腦越無念、越放空，宇宙流如瀑布般進入身體，意圖進入後心輪時，可冥想一朵璀燦的金色蓮花，在印記中發出枝枒到盛開。

這樣的練習，可療癒的部分如下：

1、情感傷痛。如缺乏安全感，恐懼被放棄或背叛，無法活在當下、享受愛，抓住過去記憶，不斷地在關係裡憤怒，不信任愛等等。

2、啟動與宇宙再度連結，讓自身連結靈魂並通往宇宙，回歸最本質的愛。

3、讓真正來自本源愛的力量穿透並支持個人，透過心輪顯化靈魂愛的意願，讓情感關係可以更自主並充滿力量，活出愛的自由與空間。

釋放後心輪的印記，會讓自己感到安全並充滿信心，也逐漸會養成真正愛的能力。

⊙關係中的憤怒是來自於哪裡？

接著，愛情關係中，大家都是一直在截長補短地，將對方視為填補個人空缺的期待，情緒勒索是最常見的抓取。

如果你很容易掉入埋怨，並且在傷痛的情緒中一直試圖否定對方，粉飾內心的忿忿不平，壯大個人自我價值……當情感不被對方滿足或自覺匱乏之時，刻意藐視對方的愛意，是件很粗糙並且在關係中刻下更難圓滿的新業力。我們要更深入的探究，是哪些因素製造出來個體間的分裂對立呢？

我們相當清楚，人類的生命會輪迴，也清楚業力在人類關係之中扮演的重要性。為了更好的平衡，我們投胎成對方的角色，試圖換位體驗：

A曾經允諾了愛情，但並沒有履約回來找B。B等待了大半輩子，累積了許多複雜情緒，卻只能來世兩人再相遇才能一一明白。

業力法則裡，相反體驗角色的同時，還帶有當時主觀情緒，這樣的相遇會有什麼樣的局面與學習呢？

B在等待的過程中，如果有覺察從心裡升起的各種情緒，轉化並釋放，來世與A相遇時，極有可能是在一種非常美好輕巧的緣分裡重新學習愛，如：等待的人會同理未履約的情人之所以無法回頭的原因，也會再度敞開地接受遲來的愛意；A也會明白，承諾後自己應該去完整的部分。

現在，我們以許多愛情關係中最常見的情況為例。

你們在這關係中受傷了，孤零零地面對愛的傷口，只能一直不斷地欺騙自己的頭腦：是對方不值的自己如此等待，或者否定自己的各種價值。

這些負面情緒，都是在把自己與他人的靈魂意願做分割，產生分裂，企圖與自己毫無關係。

這不會有太多真實效果的，因為靈魂是一股能量，你人格用情緒去分化自我保護，只是阻隔了靈魂愛的顯化意願；人格否定現狀，除了讓當事人感覺自己是悲劇的主角之外，對生命舒展是毫無直接效益的。

A與B都各自帶有各自的情緒再度投胎，因為過往深刻的思念是內心的真實，靈魂即使在當時已經用他們的方式互相流動著愛，但是人的部分是毫無知覺的，因為人的思想是直線式的記憶，「我記得他說過會回來的」，腦會記憶這個片段，心也會跟隨腦的記憶去行動，然後種種變化就會刺激這彼此間的承諾。

腦的思想永遠跟不上靈魂的宏觀與全面，人的痛苦就是來自於思想引發的內心感受，故事就越來越複雜、越來越多層面。

生命在自己的劇場中，你們有絕對權利放上各種劇情，但是要記得，面對越複雜的劇本，你們就要投胎越多次，才能找回靈魂真正的劇本，其實蠻自找麻煩的，不是嗎？

回到A與B的故事腳本中。

在靈魂的初衷，「選擇再度相遇」只是想要對方明白，靈魂間不離不棄，即使A因為各種情況因素而無法履行約定（當然若A的允諾是不真心的，不在此能量平衡中）。而B是最有空間製造各種情緒假設的，因為始終如一的等待落空了，再相遇時，B會產生的情緒記憶就是——不被重視，或者音訊全無的憤怒，或不信任。

而業力法則部分，角色交換了，也許B會是一個離開並且有可能不會再出現的角色；又加上頭腦情緒記憶加重了兩人的關係，這時若想要讓相遇變得正向意義，B是改變故事的關鍵。例如提早在分離的事件發生之前，釋放不被重視或被欺騙的情緒假象。

如果情緒來時，我們選擇了指責對方，「因為前世如何、所以這輩子你要如何補償」的觀念，這完全是背離業力法則，靈魂意願也會因此漸行漸遠。

劇本中，靈魂的譜寫內容，從來沒有誰對誰錯、誰輸誰贏，都是為靈魂的融合與朝向宇宙合一而設定的。

B如果能真心信任對方再度相遇的靈魂誠意，他會選擇珍惜並圓滿當下，不會讓情緒影響一生，並且來世再學習。A會更有包容度與堅定的智慧，將雙方的障礙因為過去世的無法實現，而更確信地在平衡業力的狀態中，協助B再度憶起：所有承諾的背後，靈魂意願從沒背離過。

如此，雙方再度相遇的生命裡，彼此才會明白個人的意願與靈魂共生的重要性。

⊙關係中的靈魂意圖是什麼？

如何協助自己清晰明白，在這關係中，靈魂扮演的角色，並強化靈魂意圖？這是個非常普遍的問題。當我們提到靈魂意圖，靈魂摸不著、聞不到，更別說知道靈魂意圖了。

我們現在想跟各位分享，靈魂在你們之中扮演的角色，和如何尋找他的芳跡？除了找Asha幫各位接訊息外，還有什麼方式可以拼湊出靈魂在這段關係的意圖呢？

找出靈魂意圖的方法

・一、平靜中撇見靈感：

愛情關係裡，各位有沒有發現，上一秒想到對方是美好滋味、甜蜜蜜的，下一秒只是因為一句話或對方的小拒絕邀約，就能陷入情緒崩壞的情節嗎？

如果想找出靈魂在這關係裡的意圖，首要都是：在各位心情平靜無擾的情況中，想起這個人，同時覺察自己是否有些人格面需要覺察與轉變。心情平靜的時候，我們往往都看得比較清楚。那通常是靈魂透過你們在做著愛的傳遞。

・二、溝通：

雙方有歧見，爭吵之後，往往會透過溝通，這時練習不使用頭腦防衛試探性的對話，請用真誠感受到的真心，緩緩地、帶著敬意的表達。

從內心深處所出來的語言，是與靈魂語言連結的。一開始或許會不上手，也許會被對方防衛語言攻擊，但只要永遠記得：真心從每個人內心深處、從身體的腹部，有股充滿愛的暖流在體內循環著，這時候表達出來的語言，對關係是強而有力的，祂是來自於靈魂本體的撼動，可穿透對方的心。

・三、與靈魂連結的靜心：

閉上雙眼，讓呼吸平和並緩慢下來，啟動緊附著於脊椎柱的能量場，祂是靈魂的一部分。

在離開身體更寬闊之處也有靈魂的蹤跡：祂是無味、沒有特定形狀的，就是一股專屬於個人振動頻率的能量，有時會擴張，有時會因為身心狀態而縮緊。身體有疾病時，靈魂為了支持身體，會將範圍縮小至脊柱給予力量。

即將往生的人，靈魂會離開脊柱，升離至更上方。為了不打擾肉體的死亡活動，祂通常會在死亡前三至七日聚集身體周圍，然後逐漸消失淡化。

與靈魂連結深並有靜心習慣的朋友，內在會有來自靈魂的獨特光芒。靜心方法如下：

- 啟動靈魂體時，將意念聚焦在尾椎骨，並放入啟動靈魂的意圖；
- 感覺尾椎骨的地方發熱並且有能量活動時，開始往上攀升，讓脊椎柱的靈魂力量是開放的；
- 接著想像這股靈魂力量往前包覆全身，在每個呼吸中，感覺自己吸入了靈魂力量並充滿全身細胞；
- 同時間感覺自己的靈魂進入頭腦中，並釋放頭腦狹小局限的概念，接著布滿全身，釋放所有情緒慣性。

有時候，當你在最後回到內在中心，聆聽從心輪所傳達給你的個人訊息或感受能量，相信在每個靜心之後，你們會有很好的靈感。

這靜心可不限時間空間進行，當心意紛亂時，可協助各位回到初衷，不以人格面對應關係。

愛情的多角關係

來自於外星的一份祝福，送給正處於多角戀愛關係的朋友。

情關難過，誰不渴望與深愛的人常相廝守呢！

我們以下所舉例的是有真實愛意成分的相遇，若只是個人害怕孤單或其他欲望因素而建立的關係，不在此例中，因為人為欲望所選擇的意願，有時並不符合靈魂最高意願。

有些傳統價值觀中，我們選擇了滿足社會價值的方向，雖非最高意願，但也是靈魂規劃中的一部分，所超越的面向會有所不同。

如果你正處於多角關係中，最先要面對的是忌妒心；接著你可能要替自己在這關係中找一個定位，這是需要些努力的。

我們不以一般價值觀評斷這樣的關係是否恰當，也不深入探討是否傷害到當事人的家庭成員，只願祝福你們，可以藉由學習，讓你們更有力量，並且更有選擇的自由空間。

深愛一個人，有時會因為痛苦與不適應，困在某個狀態下動彈不得。

愛至深處的重量，有經驗過的人都知道，不是割捨了就完全沒事的。有重量的愛，在最深的靈魂意願裡，是為了體驗內在隱藏的陰暗面，忌妒心首當其衝。

多角關係中，猜疑與妒忌是足以讓愛情摧毀的兩大陰暗力量，處理好這兩股陰暗力量，你們才能有穩穩站在愛中並昇華至靈魂本質的愛。

⊙如何轉化忌妒之心？

當有忌妒之心時，逃避這份關係或感覺、理智控制，不會是恆久之計。但若個人道德觀強，也可以藉由一些轉化，讓這份愛有不同的出口並且釋放，讓彼此進入靈魂至深的流動；當靈魂有了連結，內在有了默契，所有形式上的愛就變得毫無重量。這種種穿越的前半段，就是要學習轉化忌妒心。

忌妒心會點燃內在火的力量，善用它，有機會成為強而有力的人；面對關係中的失衡，也能在每個難熬的關鍵點，走出屬於個人潛藏於內的各種潛力。

請不要在忌妒心前讓脆弱淹沒你們，深呼吸，為自己站起來！

忌妒之火出現的地方，就在你們身體脈輪的太陽神經叢，會在情緒面形成憤怒與摧毀的欲望。

轉化忌妒心的靜心法

- 忌妒心來時，請深呼吸至太陽神經叢。
- 然後用嘴巴緩緩地吐氣，讓火的力量透過呼吸，更厚實地沉靜下來。
- 透過呼吸至太陽神經叢，擴展腹部力量。
- 請將頭腦放空。這是轉化忌妒心很有效的方式。

人類之所以有愛情關係，就是靈魂有意圖要將忌妒心轉化成真力量；當有了忌妒，會燃起生命的企圖心，超越他人或擴大個人領域性的衝動。這些若好好善用，會激發個人跳脫安全感的力量，善用陰暗力量爆發出的原動力。

⊙ 如何轉化猜疑與不信任？

你們問：

如果對方不值得信任，我持續信任他，不是把心交出來置於危險中嗎？

冥王星存有問：

請問信任生命會讓你們感覺好嗎？

你們答：

好。信任生命感覺很好，從容並且優雅。

存有答：

在生命之中的每一個人，信任的力量從內在散發時，會有股如磁鐵般的魅力，會自動在你看不到的層面挑選對自己最好的幫助！

反之，在愛情關係中，若對方有些行為讓你感覺不踏實，我們建議，先把他行為的事實擺一旁。真正能掌握全局的是你們的內在力量。

當對方有引起你感到不安全的部分，靈魂部分的意圖是要你們清楚知道：在你們住的身體中是否有足夠的安全感？當身體與你們的內在有著和諧的平衡狀態時，面對伴侶的不真誠或背叛，會有以下的反應：

1、他或許有難言之隱，也或許我們可以好好溝通是否再繼續下去，愛情是不能勉強的。

2、他在我和另一人之間無法抉擇，我們各有他所需要的部分。如果愛情落入一個人的需求，我可以回到自己真正的意願中：我是否也在這關係中因為自己的需求，創造了需求模式？當我覺察到，自己也是踏在非愛模式裡了，我們給對方、彼此一些時間吧，我需要空間獨處了，過些時候我們再溝通吧！

3、希望能藉由這機會，好好調整自己內在安全感的部分，這份安全感與自己同在，所有外來挑戰的，我深刻感覺是宇宙的祝福。

記得，住在這身體感覺安全，會讓各種關係變得更容易。

⊙如何讓內在與身體平衡？

如何讓自己的內在與身體之間，形成更好的平衡呢？

以靈魂角度看，沿著脊椎柱是靈魂體緊密附著的區域，往上延伸至無窮盡的宇宙之中。

一個人若是靈魂體只緊密連接了胸部以上（上三輪），會常與群體生活保持距離外，遇到危險的狀態，容易驚慌失措。這樣的人在愛情關係裡，也會因為過度渴望內心交流與靈性上的融合，無法好好落地接納親密關係中的現實面與務實面，而時常感覺到沮喪。

相同的，若靈魂體只扎實地連接下三輪，這樣的人會習慣凡事以實際層面觀點考量，也會過度執著於物質，只要和金錢、物質面相關的，容易感到無比的壓力與恐懼。時間一久，離真正的喜悅就越來越遠了。

靈魂體沿著脊椎柱，只要有一部分是不附著與鬆散的，都會在對應的脈輪中有習慣的反應與行為。

整個脊椎柱記載著每個人生生世世的故事，發生過的事的所有細節，都完全可在脊椎裡讀取到。既然記載都在裡面，這裡的能量場是可藉由靜心療癒來維持和諧的。

每個人都有許多故事，而許多故事在整體來看，都是完美無缺的，他們被和諧地歸位在該有的位子。那，既然完美無缺，為何要療癒？並且要讓靈魂好好歸位，與此部位緊密連接呢？

情緒與身體結構的歪斜（脊柱側彎或骨盆歪斜等），都會影響原本緊密相連的脊椎與靈魂體。

所有的故事，都是在靈魂精準的安排中發生；所有引動因素，都是宇宙與你個人意願精心的策畫與安排。但「情緒的反應」和「個人如何照顧身體」都是由你們全權主張的，有些情緒會過度反應，也會直接跟早已有些鬆落的靈魂體相關。

情緒反應很大或曾受過很大傷害，都會使靈魂體些微地遠離身體，這時候「將靈魂再度迎接回來」是相當重要的，不僅可以緩和創傷記憶，更可讓自己回歸到宇宙的信任，保持信任與安全感。

引領靈魂體回到身體、讓新生命啟動的步驟

1、進入宇宙場，開啟神聖空間並啟動療癒。

請跟隨我，在心裡覆誦著「A ko da yi」三次，請允許我進入宇宙療癒場。在開啟療癒場前，請宇宙為我開啟神聖空間，這是我與靈魂存在的神聖空間，我是深受保護與支持的。

2、神聖的力量，請清理我脊柱體，釋放並和諧本我的存在。

3、請各位感覺，在你們的脊柱體中，掃描哪個部位是你感覺到最脆弱與能量缺陷的部位？例如，你感覺到尾椎部位有些疼痛或是不流暢，請與此部位連結。這是跟安全感有很直接的關係部位。若這部位也有骨架上的問題，請雙管齊下，讓身體與情緒體都被好好妥善地照顧。當意念聚焦在此部位時——

4、你已經讓療癒場進入這部位了，無需再做任何舉動。

5、最後，輕喚靈魂本體歸位。感謝神聖空間，結束。

你們知道，這樣清理脊椎，不只是將靈魂體引領回來，這也是高靈與Asha長

期幫個案服務中最重要的療癒部分，因為那是可直接進入累生累世的學習課業中，以神聖的旨意，將個人的學習業力釋放，使之快速轉化並趨於平緩。你們一樣也可以如此照顧自己。

這靜心如果成為每日的睡前練習，我們深信，在很快的將來，你們也能清晰接收靈魂的最高意圖。

有了從內在建立出來的安全感，會使得許多關係，簡單並清晰地在靈魂意願中。

忌妒心昇華後的另一面就是自我超越、沒有局限的力量；猜疑與不信任的更高頻率就是全然的信任、內在安全感。如果你們因為關係的複雜而深攪於整個能量場中，情緒起伏是會整體共振的。超越了以上說的兩種情緒，建立自己在能量場的位子也是重要的。

如果每個相關的人都在自己的位子，功課會比你們想像的輕鬆許多。

三個人同時在愛的試煉中，人格面持續往外投射，若沒有收回到自己，你是直接接收到對方或另一人的情緒反應，再加上自己的故事翻攪，這絕對會比你們每天看的八點檔連續劇、後宮劇來的精采有看頭。

⊙如何堅定自己的獨立性？

如何建立起自己關係中的獨立性，堅定地站在自己的位子？

首先要了解：混亂來自於能量場往外攀附了。與其說外在影響了自己、要求別人能給自己好的空間與位子，倒不如認清，最能有效地改善與掌握能量場最重要的環節，是來自於自己。

建立自己獨立性的作法

- 請將紛亂的心收回來。回到自己的能量場，身體內部的中軸線。
- 承擔與無意識吸收他人的情緒，最好的方式是與自己隨時保持同在。

這是個有效持久的神聖儀式，即使你沒有多角關係的困擾，在團體中，你感覺不自在或找不到自己的位子時，為自己做這強而有力的神聖儀式吧！

- 請準備六個小蠟燭，無色無味，最好是環保天然材質，可提高振動頻率。蠟燭是要以全新到燒完為止，所以最好選擇小型的尺寸。

・請在三張白紙裡寫上自己的姓名，出生年月日也可同時寫上，包含暱稱與英文名都可以寫上去，取下自己的一根頭髮黏在有自己名字的紙上。

・如果你們是五角或六角關係的朋友，選擇你感覺最在意的能量對象，無需將所有人都寫上去。

・請找一個安靜的個人空間坐著，前方擺一茶几，六個小蠟燭橫排第一列，三張紙張第二列，將蠟燭點燃。

・儀式開始：

1 我祈請宇宙最大願力、至善的神聖力量，我願意以更高的自己，將愛分享給更需要的人。請支持並轉化我所在的這受限的關係，我願意將愛付予更高頻率震動，並共創著最大可能性。

2 接著，請用右手在你前方大大的畫上三個五芒星，這是與神聖力量連結的方式之一。

3 持續以下神聖咒語三次：**A cou da，no wu da**。意涵是：請保護我並協助我抽離此低頻能量場。

4 將有黏上自己頭髮的紙張，找個乾淨的瓷盤，使用其中一燭火將它燃燒傳遞至宇宙。
5 儀式結束，燭火讓它自然完整結束。

這是個提升自己的儀式，若是為了滿足個人欲望，希望自己擁有或期待他人放棄，都不會在此儀式有任何效應。它可以幫助的是個人生命的茁壯與超越。

獨立出能量場也不代表與對方分離，而是能在這個生命經驗裡，仍能活出自己獨立的力量。這是個向宇宙下訂單的儀式。

情感的背叛

Asha：

我曾在法國遇到一位女性朋友，她與男友交往十六年，在最後分手前，意外發現男友竟長期有習慣上特殊性服務的場所。她在男友與友人對話中發現，男友會在一個大房間的許多黑洞中、看不見對方的臉而進行雜交。這法國女性朋友得知這些事實後，情緒崩潰並且嘗試自殺，最後住進精神病院治療。請問這樣的故事要教會他們什麼？

⊙經驗背叛，靈魂可能會離開身體

阿斯卡土：

人類經驗背叛，如同將自身能量場斬斷成兩段，腰折後需要用很特殊的方式將它再度接回。

某個層面上，這種受驚嚇產生的撞擊，會使人想將「與身體連結的靈魂」暫時的切斷並且推開，拒絕原本信任與深愛的任何人、事、物在她的身體上持續連結。靈魂在此時會很尊重的抽離出身體，讓當事人驚嚇的身體平復後再回來。

腰斬的氣場是對生命有危險性的。

每個人對事情的反應程度不一，這位朋友心思敏感也悲觀，與原生家庭的氣根連結稀薄。當她將自己的心交付給男友如此長的時間，那信任與依靠的程度高，發生背叛故事也就殺傷力相當可觀。

靈魂在尊重這種心情之下，遠離身體，因為靈魂知道，這是對她最好的安排。當靈魂不在身體時，人就容易有放棄生命的思想，也容易讓自己多重人格四處飛散，所有壓抑的都會大肆竄出。

人類的七情六欲要平穩的發展，不在過度的依託中放棄自我、失去自己，是跟身體上的七大脈輪息息相關，這七個輪子像生命的器官缺一不可。

當背叛產生時，我們的第三眼會發生暫時性的關閉，靈魂因此會被當事人請求離開，以示防禦。

對當事人而言，如果最敬愛的靈魂也欺騙她，那她將會是最大的犧牲者，所以她下意識封閉著自己，也同時對保護她的靈魂，並沒有給予她最好的直覺力、讓事情提早被覺察，而感到憤怒。

背叛者相同的，也會經歷非常深的考驗。男友的靈魂也會因為當事人在長時間中不忠誠的欺瞞，早已無法在同行的道路上。

在人類的磁場中，與靈魂分裂是會製造許多混亂與干擾的；當人越沉迷於縱慾與欺騙，所形成的氛圍越是對地球形成黑色霧霾。

也許你們認為，小小身軀的你們墮落時，應不足以影響地球！但以我們的意識標準，當你無法忠誠對待身邊的伴侶時，請學習尊重並且離開，因為在愛面前，無法敬重是對靈魂的放棄。

如果這男友是因為愛上他人而產生背叛，在愛當中，靈魂是明白與同理的。但此案例是缺乏愛之下的重複性行為。

⊙ 如何將錯亂的人格復位？

Asha：

如何療癒這兩類型的靈魂呢？

CD高靈：

可自助，也可以透過有專業經驗的療癒師執行。

大創傷的急救法

- 一、深呼吸。吸氣，接著屏住呼吸數到六，緩緩吐氣再數到六。重複進行三次後，在第四次下一個「招喚靈魂回到自己身體」的意圖。這樣的呼吸請進行六次，第四到六次中，讓靈魂因應你的需求而回到身體上。
- 二、無論你是否能感受到氣場支離破碎的樣貌，讓痛徹心扉的你，有足夠的能量自我修復療癒，是首當目標。我們現在練習將七個脈輪歸位，並且清理它們，使之透亮恢復健康。

如果冥想對你有難度，可以請專業療癒師為你做視覺療法；或者，用七個顏色的色筆，在紙上畫上自己，用能量替代法在畫紙上完成。

你可以重新將自己畫上健康漂亮的脈輪，並且將腰斬的氣場用一個漂亮的蛋形重新復位。

・最後，為圖畫紙上的自己畫上九個無限。如果你選擇用靜心冥想方式進行，讓效果直接作用，也請將九個無限從頭頂貫穿至全身。

阿斯卡土：

這是個將錯亂的人格放置復位的好方法。

妳知道，人類經驗這些，都是為了使自己某個隱藏的潛力被激發，過得了關，生命就會帶著擴大與更加慈悲的自己往前邁進。

生命中遇到了不忠誠的伴侶，往往都是為擴大自己並且跳脫安全範圍的學習與考驗。

會有暴力對待的伴侶，除了學習自己愛的擴大之外，還需要學習建立起自己對自己存在的真正價值。

⊙該放手嗎？

Asha：

在台灣，有個案也許會問：我遭遇背叛與暴力，但我想知道，如何判斷這個關係可以放手還是持續，讓此生業力可以平衡圓滿呢？也或許雙方都可透過靈性提升而轉化關係？

阿斯卡土：

當發生事情時，如果對方無法對自己的行為道歉，或持續說謊時，表現出來的態度還是以指責為主。我建議，當對方的真心還是被蒙蔽時，請立即放棄。

但如果這個人在事件發生時能夠覺察，並深知自己已經傷害他人，也有意願陪伴與改變行為，我們可以藉由靈魂的約定進行溝通與同理。

地球中的業力會在愛中圓滿，即使負氣離去，這情緒也會糾纏至妳願意寬恕並且恢復對生命的尊重與信任，才趨於圓滿的範疇。最佳的狀態，是找回個人的力量，並且同理，也願意寬恕對方。

如果相約定再繼續嘗試，也請學習堅守「自己是自己生命的主人」，不將力量過度交出。

可以選擇原諒與信任，但也清楚，如果對方是欲望的累犯，勿將這傷害當成是自己人生的唯一挑戰。

對方無法穿越，但不表示妳不行。

圓滿之際，妳會帶著愛祝福對方，也祝福自己可以有更開闊不同的將來。

路在腳前，往前一步，人生就會跳脫黏滯的業力場。嘗試過了，放手當自己吧！

⊙遺棄感背後的禮物

Asha：

在愛情中，背叛的故事發生了，被放棄、不再被愛的當事人，如何用靈魂角度看待所發生的事呢？

阿斯卡土：

因為各種愛的關係，受傷或遺棄的感覺，在靈魂的真相中，往往是宇宙的大禮物。

當然我們不是指，決定相愛在一起的人沒有受到宇宙的祝福，而是，面對遺棄感的朋友們，在靈魂層面都有個很棒的選擇：「如果我不依靠外界的給予，藉由自身經驗，將這傷痛轉化成一股來自於內在真實的力量；那麼，遺棄感的另一面力量，就是進入生命的孤獨，讓自己在地球獨立於世地行走。」

也許另一個人得到了愛情，但你卻得到了對自己的愛情。

CD高靈：

讓這傷痛陪著自己走一段路，每一天你會發現自己更好、更能愛。痛苦的背後竟是覺察到，自己內在原來早已擁有足夠的愛；讓這份愛，由內而外徹底地綻放吧！

⊙心牆的形成來自於傷害的經驗

Asha：

曾有一案例詢問：我男友是個不願意袒露自己內心世界的人，也不願意讓伴侶與家人了解他的日常行蹤。他的內心有一道堅硬的牆。但在愛情關係裡，他又很有意願給予愛，並且充滿浪漫情懷。我深愛著他的同時，又感覺到極度沒安全感，尤其是他在對待外界誘惑時表現的十分開放，詢問他也得不到任何答案，那心房的牆一堵住關係時，十分難受。我該怎麼辦？

CD 高靈：

為何人們會期待愛情中彼此都能敞開，愛如流水般流向你我呢？人與人相遇，都是在彼此間能量場的互相吸引而產生愛意，敏感的人會在能量場之間感受到對方的全然與不全然。這男士對愛情的認知，跟大部分的人有不同的觀點。

Asha：

是的，當案主提出分手，同時間，男方也提出，是否能不在特定關係中還持續讓愛延續？聽起來，男方有個對愛的理想，是超越身分界定的，他遵循著當下的感覺，也盡心在對對方好，但對於帶著愛情的期待與渴望的案主，是很大的傷害。面對這樣的關係，CD 高靈會如何協助他們呢？

CD 高靈：

首先，若一個人心牆如此高大，已不再是理想或靈魂之愛的範疇，更多是自我保護與逃避。

Asha 妳隨時可以感知人的靈魂存在，妳應該清楚，靈魂之愛是一種氣味相投、融合而產生的愛意與芬芳，完全不用思考或用力抓取，就會產生的，如同我跟妳之間創造出來的舒適感。

案主被迫要一直等待男方敞開與表現了愛才會舒適，這部分可以提醒案主，覺察自己是否也過度抓取了？當刻意了，許多愛也會被忽略與否定。男方於是越來越害怕敞開，女方就長期處於焦慮和不安之中，這樣的關係是彼此消耗並且無法前行的。

阿斯卡土：

關鍵是，男方如果不敞開坦承自己的心，這關係是前進不了的。至於誰能讓他敞開心？只有他自己的意願。後續也一定會有多重關係的出現。

人們喜歡擁抱這類型的對象，一部分挑戰自己愛的能力，一部分藉由挑戰，滿足自己的價值。但我可以明確告訴你們，其中一方心不敞開，是完全不可能會有真正的愛情。你們任何人都不用妄想可以敲開一個緊閉心防的對象，除非他自己有意願。

在生命的安排之中，這樣的角色若有意願往累生累世探索或自覺，關鍵來自原生家庭中，他是否從小就已經處在不被自我認同的場域中？這部分要他有意願深入療癒並且釋放，才可能彼此流動的。

身處於這份情感關係中的另一人，更是要活出自己愛情的自在。妳的愛來自於妳的內心，不是奠基在對方的反應。

緣分如果讓彼此完全無法分開，請放下對他的期待，當妳往內探索或往外開放於世界時，你們之間的能量場會逐漸鬆開，無形中也是對他的存在保持尊重的空間，他感覺被尊重了，自然有機會敞開的。

CD高靈：

他的內在希望，有人可以理解，他在愛的層次有著獨特的理想。但從小到大的經歷，卻讓他總是傷痕累累。

在很小的時候，他的心很開放，也好喜歡把他的愛給每個人；因為很開放，所以他不懂什麼是界限。

進入青春期時，他遇到第一場美麗的愛情，他很全然投入愛，義無反顧的。但當時愛上他的人，卻是個來自原生家庭充滿傷口的女孩，這女孩初次遇到一個完全投入、沒有自己的對象時，她延續了來自於父親對母親打壓的個性：她對他總是高高在上，藐視他的付出，只是為了舔舐她受傷的內在小孩。於是這男孩的初戀讓他學會了保護自己。

Asha：

原來形成他心牆的是來自於傷害的經驗，相信他內心曾經是個柔軟敏感的人。高靈剛提到，他想愛，但也許可以不用有身分界定。對大部分的人來說，這是一種想保有多方戀愛的自由度，不想被綑綁，這對於要建立愛情的另一個人，是相當艱辛的。高靈們的視角怎麼看待呢？

阿斯卡土：

不用特殊看待！當一個人想愛卻遇到許多挫折時，他會想放棄任何綑綁的關係，他開始自卑地認為，自己給的愛被輕視了，因為對方並沒有因為他的努力而變得更幸福，這挫敗感讓他也逐漸往後退。

不綑綁是一種沒自信的表示，有哪個生命不想與另一個靈魂水乳交融？除非是失去了信任……

Asha：

所以案主要多鼓勵、全然地信任與支持對方？

阿斯卡土：

心牆是關鍵，女方用心的鼓勵與陪伴是某部分支持，但是如果只是一概用這樣的方式，會兩敗俱傷的。

我建議各自回到自己，並且建立自己的愛與信心，有緣、有心學習，生命之流勢必會提供許多美好的祝福與提醒。

永遠不要認為，自己可以拯救他人，或他人會為了自己徹底改變。愛只有自己充滿了，才會發生靈魂之愛。

Asha：

阿斯卡土怎麼看待多角關係呢？

阿斯卡土：

當你給得起自己愛情時，你會有往外的需求和期待嗎？再多的頭腦詮釋這些情感因緣，對我而言，這種形式的愛情關係，都是在學習認識自己的欲望。

我讚賞人類有興致認識自己的七情六欲，但記得，別讓這些欲望包裝成愛的理想。既然是學習過程，請謙卑，也請臣服於經驗帶來的痛，駕馭它，自己的選擇不歸咎於他人，勇敢並重新站起來。

⊙探究情愛的起心動念

Asha：

許多人一定有疑問：宇宙給了愛情的學習課題，而躲在愛情背後，真正要學習的究竟是什麼？到什麼的狀態才是關係的圓滿呢？

CD高靈：

波滔洶湧的起心動念逐漸和緩成漣漪，容納至大海，明瞭世間緣起緣滅，海納百川，無限寬廣。

阿斯卡土：

起心動念是我們可以深入仔細探討的。我們會聚焦在愛情創傷的部分，愛情這「情」究竟考驗的是什麼呢？

1、謊言與背叛、出軌：

當你愛一個人，意外發現對方竟說謊成性，不知情的情況下，讓你處在欺瞞的場域中，並且讓彼此愛的關係受了傷害。

2、說謊者學習：

為了要討好或維持表面和平，迴避自己的陰暗面，明知不可為而為之。欲望的勾動是無法填補內心的黑洞，宇宙往往會讓在愛情裡缺乏忠誠度與迴避自己的軟弱者一個重要學習——失去生命中重要的支柱。這支柱有可能是重要的人、事與物。

此人也會經驗到謊言的能量反撲。當事人可能連自己說的話都不具百分之百的信心了，這無形當中，會削弱自己在社會當中的信任與被信任感。說謊者會在喉輪烙下一個印記，說出去的話在影響力與威信上會逐漸減弱。

3、受害者的學習：

當然每一件事情都有一體兩面，受害者也許某個層面造成說謊者壓力，而造成了後續的所有負面故事。但千萬別誤以為說謊者是情有可原，完全不是如此。「聽見實情」與「聽見愛的人描述」是兩回事時，會在心輪受到衝擊與創傷，嚴重者在後心輪也會烙下刻痕。後心輪的印記會延伸至未來，記載至脊椎上，成了轉世的故事之一。

Asha：

遇到事情後，這兩個人如何自我療癒呢？我始終相信宇宙的慈悲，所有事件都是為了照見自己的過去生與此生生命的傷口。

阿斯卡土：

當然，放下屠刀，立地成佛。宇宙給了愛情與人性的故事，就是為了此生圓滿，當下的圓滿。

釋放印記前，宇宙會要你經驗自己的起心動念，受害者在發生故事時會經驗傷心、各種憤怒。

也許你會對自己說：對方這敗類、混蛋、垃圾，就讓別人揀去用，沒有我他能好到哪去……也有可能說：我不夠好，糟透了，我被放棄……等感受。這些情緒初始都是過程，看著自己內在的起心動念，看著並且清楚，即使這些情緒再龐大，都會因為你的接納，而逐漸走出蛻變的可能性。

給自己情緒空間，將情緒這股力量，在很好的觀照中晃動出它最深層的轉化。

⊙如何療癒情緒傷痛？

許多人以為走在身心靈修習的道路上，讓情緒大肆往外表達或投射，是可以釋放情緒的。切記！完全相反。

情緒往外拋，針對當事人，是在暴露脆弱的內在，並且浪費精力的。對方並未有足夠智慧處理這段感情，才會有後續的傷害。這當下，保有自己的能量是相當重要的。

宇宙給了情愛體驗，故事的背後也一定有最大祝福在發生。儲蓄這情緒大翻騰背後的宇宙勢能，看著情緒千變萬化。

有時候情緒傷痛過於龐大，需要些外來的協助時，我建議與正向的人傾訴，或尋找專業的治療師。過程中盡量讓自己的心在安靜下趨於緩和，運動與靜心或旅遊，都是很好的方式。

有些人在情緒翻攪時，會想抓救生圈滿足自己的需求。

有時候過度抱怨或重複情緒，不見得是最佳的方法，消耗了傾聽者，也對自己於事無補。一直拋情緒，不會有任何蓄集能量，反而讓氣場分散難以聚焦，進而影響睡眠。

情緒真正可以釋放，是不經過頭腦分析的。例如你找好友傾訴，嘗試說出真的情緒感受，如：某件事讓我很受傷，某個記憶讓我覺得受騙了，我的身體感覺好受傷……很單純地分享心的感受與情緒，敞開並與情緒共處。

一旦落入「找答案」或「要友人給建議」，事情如果被過度批判，有可能產生更多的憎恨，或相反地缺乏力量好好往前。

情緒透過頭腦分析，只會製造更多的情節與故事，請當下停止。幫助自己最重要的前提是：讓情緒蛻變成力量。

穿越過情感傷痛的朋友都知道，走過後或過程中，會撇見到宇宙最棒的兩大禮物：寬恕的力量，並且觸碰到心地中最慈悲的自己。

⊙看見宇宙的禮物

獲得愛情或擁有一段關係，未必就前途一片光明，端看你藉由這故事學習到愛自己和他人的能力有多少。

失去愛情的朋友，有時候為了滿足自己的自尊，會帶著一種假象的優越看輕鄙視對方；這情緒儲存久了，會讓心輪附近的身體器官產生疾病，同時氣場中也會形成防衛與尖銳的氣場。另一種情況是，完全失去自己，難以表達的自卑與傷心，一樣地，在心輪或喉輪都會有相關疾病。

記得，所有故事不是要你壓抑或儲存記憶，這當中最棒的禮物是：穿越它，陪伴它，接納它，並且清理層層交疊於內在的過往記憶。

大事的震盪往往是重建整合的大好時機，看見宇宙的禮物。

當你接納這情緒，拉回自身關照時，情緒會在宇宙的祝福之中，蛻變成最具力量的本質。你會逐漸發現，這故事跟自己的內在有關，跟宇宙療癒同時存在。

說謊或背叛伴侶的朋友，好好深入觀照自己封閉、無法敞開的心，嘗試讓自己與心更深地連結。看見自己無能為力的軟弱，觀照自己為了捍衛自尊顏面所失去的真誠，參透在關係裡所壓抑、無法表達的，讓萎縮的自己，藉由故事，一點一滴重新拾回，並且與心連結。

對自己無條件地坦承，並清楚認知到，編造謊言是個傷害自己與他人的行為；即使在你的內心，從來沒有傷害他人的動機，是局勢如此，形成了所有的發生……

請放掉這些表面理由的捍衛。

在愛情的關係中，關閉的心使人迷失，如同與靈魂失去了聯繫。請重新連結心的力量，學習更有智慧的照見。

愛，讓你成長

Asha：

阿斯卡土，大多數在亞洲成長的朋友都有輪迴觀念，許多關係會多一層考量。大多數的人認為，要把關係走完，才可以圓滿此生。祢怎麼看呢？

⊙來世會在輪迴繼續業力嗎？

阿斯卡土：

業力線比你們「個人意志」強大些，許多事情的決定是非個人的。事實上，還是都在靈魂縝密的安排中，我們只是在更大整體故事下做選擇。

但所有在發生的選擇，都還是在選擇之中，逃不出你在降生前的約定。而我們可以從這些選擇當中，讓自己在更舒坦與更寬闊的內在狀態裡去完成它。

修習人生功課就是：學習用更高角度，為自己走出每個框架中的最佳狀態，活出最高版本的自己。

Asha：

我如何知道這功課在最高版本，還是烏龜賽跑慢吞吞呢？

CD 高靈：

妳的內心會知道。當在一段還未真正結束愛意的關係裡，因為種種因素無法再繼續，那牽連的愛意也許會讓許多人起了疑問：「我們的關係是不是還沒結束？要繼續完成嗎？」

阿斯卡土：

那再堆疊人類慣常的疑問：「我真的準備好再繼續嗎？內心有明確指引嗎？」

CD 高靈：

如果妳的心裡還有以下這些念頭：「對方可以怎麼做才有可能繼續」，「或者，他們先把關係處理好」，當往外期待或投射時，你個人的傷痛還持續在關係之中發作時，我們可以告訴妳，不會有更好的可能性，即使佯裝，也撐不過許多的考驗。

阿斯卡士：

最高自己的版本跟自己相關，妳無法替其他人做個人生命的選擇。

「圓滿」在於妳的起心動念，所以從頭至尾，我們都在強調：愛，是跟自己的關係，圓滿也是跟自己的關係。

CD高靈：

許多預測師、算命師會預言這段關係的去向，坦白說，宇宙整體現今是以快速轉化的方式進行，個人的意願在生前的各種選擇中，是可以因應內在學習，而在最高的選擇中，讓自己從這愛情業力關係中獨立出來。

阿斯卡士：

當這個關係不再困擾妳，無論妳選擇繼續或分開，妳都可以清楚地看見自己的起心動念，看見在故事裡的自己走出傷痛，並且已有能力灌注給自己無限的愛；看他或看自己，都是無限感激，學習用最敬重的態度，對待曾經在妳生命中刻印過故事的人。

圓滿在於妳個人的心境，心境寬了，欲望和執著自然會消失，愛情就能提升成另一種更高頻率的互相支持。

⊙放掉「雙生火焰」與「靈魂伴侶」的概念

即使在愛情關係中沒有背叛與謊言的產生，相愛的人面對其他困難，都能在更大的整體中，獲得「重新連結彼此的心」的能力，讓自己的心感受到滋養與愛。那是種恆定的感受，伴隨著雙方有意願穿越困難的默契。

如果在這關係裡，交織著過多的傷口與欲望，有時候你們會誤以為，這是深愛著對方所產生的痛苦。但往往並不是的，而是消耗能量並且有過多的情緒糾纏；也不要勉強彼此相信，也許在某個靈魂意義中，你們被賦予了靈魂伴侶的相遇。

請打破這表面甜味的迷思：同一個靈魂相遇，聽起來偉大並且難得珍貴，但其實在合一的宇宙初始，全部的一切都是一，所有的相遇都有最大的祝福。

兩個極有緣分的靈魂相遇，通常最具意義的宇宙安排，是喚醒個人內在愛的樣貌；藉由對方，照見自己在愛的學習中，尚有哪些未被清理與提升的。

靈性訊息在地球中流傳著雙生火焰的相遇，某個層面，這樣的靈魂相遇，常常會產生相當大的撞擊；但在更深的層面，撞擊出個人內在最無法駕馭的陰暗面後，雙方是否有智慧與能力，讓陰暗面蛻變成更完整的自己？這就在個人修行功力了。

靈魂伴侶的相遇不是毒素，但要穿越眾多考驗，蛻變出力量，並且雙方都有全心全意的默契，為彼此創造更好的可能性，這才會是正向、非毒素的相遇。往往，我們看到靈魂伴侶相遇，卻走在個人迷失的道路上漸行漸遠，背離彼此，無法建立默契，並駕馭陰暗面產生的毒素。這其實跟非靈魂伴侶之間的愛完全沒兩樣。

我阿斯卡土建議：放掉「雙生火焰」與「靈魂伴侶」的概念，活在真實世界中，用心去體會，這關係中是消耗還是滋養的，誠實並且坦承地接納它。

這彼此消耗創造出來的毒素場域，如果再加入靈魂伴侶的甜美概念，會使傷痛的人再為自己創造出更多的想像與執著。

沒有任何人在認清自己的心之後，非得要這不適合的伴侶互相牽制，並且懷有美好的假象持續糾纏下去。

「愛，是跟自己的關係」。所有靈魂最終都是一，切勿讓自己被過度期待綁架了。

離開無法互相滋養的關係，三天後，你會明顯地感覺到，自己的能量場已逐漸地回到自身，糾纏與痛苦的情境越來越稀釋。實驗它，用真實存在的你，去試驗這段關係是否有毒。當到了第十八天時，你會驚覺自己越來越好，充滿著能量。

往往人的頭腦會強迫自己相信，這份愛始終存在，並且有機會再漸入佳境，期待對方會因為自己的離開而有所體悟並且改變。

我會告訴你：真正的靈魂伴侶，在高頻正向的靈性品質中，是相輔相成的，絕對保有各自獨立的空間與深信生命之流，放手與重新連結，都在同一條流中同時存在。

那是唯有經驗生命最深的臣服後才會發生的靈性品質。即使各自回到自己，也都會有一條美麗、充滿光芒的隱形線牽繫著彼此；再多的挫折，都會因為各自回到自己，而將這份愛更彰顯。

相反的，不適合的關係，充滿著毒素。探索並實驗它，當你忍不住思念，再度回頭時，安靜地觀察自己的起心動念甚至身體的覺受，你會很敏銳得覺察出，這個當下，是否彼此在滋養彼此？還是已經是充滿毒素了呢？

坦承且勇敢的接受，別再勉強彼此，放手有時候成就更完整的彼此。

讓生命之流引領你們，安靜地發生宇宙中最美好的存在。愛，發生在與神性交會間，與自己的關係。

所有水乳交融、默契十足的偉大愛情，都是在靈魂意願中，一個個逐步地穿越才能抵達的，放棄或糾纏都不是最好的方式，過程必定是痛楚相隨的。

唯有先完整自己，才能將愛發揮到極致，並且有能力穿越各種來自於生命陰暗面的試煉。

靈魂伴侶或雙生火焰的相遇雖然撼動雙方的心，但最終也取決於你能否走出自己的真力量，這相遇才不至於石沉大海。

走過了層層關卡，才會真的雲淡風輕。眼前所見，唯有愛！

允許別人也在學習過程，並且相信自己的心，心會有所有答案。

⊙如何在關係中建立安全感？

Asha：

許多人最常問的是：如何在關係中建立安全感呢？

阿斯卡土：

自己生生世世創造了什麼樣的情感關係，就會在這個人的能量場中，不停地重複經驗或在兩極中擺盪。

CD高靈：

建立內在安全感，會幫助彼此關係更有空間成長。

阿斯卡土：

有時候我看到，人們很喜歡將自己的脆弱或無助，從另一個人身上獲得。從這部分出發的情感關係中，會產生過度期待，並且容易因為得失心而失去內在和諧感。

你們永遠不可能會從另一個人身上得到理想中的愛情，否則你們不會相遇的！相遇是為了學習更好的提升，對方正巧是面鏡子，照出你內在缺乏安全感的部分。有時候你也必須坦承並接納，也許這份愛是不適合的。

往往愛情讓人們很辛苦的部分是因為，無法真正掌握對方的心與可變性，而產生了無數的假想與不安，甚至內在強烈的恐懼，創造了關係間的背叛。各種在愛情關係中發生的傷害性的行為，大多都出自於內在安全感晃動了。

Asha：

是的，內在缺乏安全感時，容易將許多美好的意圖覆蓋，並且進入一種漩窩式的惡性循環，關係於是越來越緊張，爭吵越來越多。

阿斯卡土：

不僅如此，缺乏安全感會創造出更多不安全的外在事件來引誘你看見，直到你明白這跟自己有關。

比如，當你內在一直覺得自己沒有被深深愛過，或者有被放棄、遺棄的傷口記憶時，在你的能量場中，會不斷地上演相同類似的故事，直到你明白，深入自己的傷口一探究竟。

⊙什麼是無條件之愛？

CD高靈：

舉一例。最近有位朋友尋求協助，因為他最大困擾是在愛情中沒有界線，往往他並無意傷害他人，但總會有許多人被他深深吸引而靠近他。

他內心有把尺，跟大多數的人並不相同。對他而言，愛情並沒有任何條件，無條件的愛一個人就是允許對方完全當自己。他期待著能遇到一個「無條件接納他在愛情中沒有界線」的人，並深信彼此的愛。

他明白，他的行為舉止讓身旁的人產生極度的缺乏安全感，他想知道如何改變？

阿斯卡土：

大家又錯誤使用無條件了！正如人們很喜歡把「活在當下」放入了許多欲望後，當成自己的台階，掩飾自己的虛洞，然後讓許多事情變得更不透明與複雜，這些是業力的重新製造或複製。

所謂的無條件之愛，前提是：有絕對尊重他人自由意志的選擇。

當有關係上的選擇與考量時，請將自己真正的心意放第一位，而不是以愛之名，將自己誤以為是整個故事的英雄或犧牲者。

CD高靈提的這一例子，應該是個很好的範例。他心思裡應該認為自己的愛很好，開放他人靠近的同時，享受被愛之外，他強烈認為，自己可以給出對方或更多人他最棒最好的愛，他已經將自己的愛放在一個高高在上、無條件給予的狀態。

直到他明白，別人並沒有意願在這樣的遊戲規則中；並且在經驗看到身旁的對象並未因此感受到幸福之後，他才有可能恍然大悟，活在自己對自己內在小孩的重複性劇碼中。

Asha：

他的內在小孩發生了什麼事情呢？

CD 高靈：

一個不願意長大、承擔責任的內在小孩。在原生家庭成長中，他並沒有得到或被看見他所付出的，所以他轉嫁到情感關係中，他投射出：如果有人像他這樣給予，一定能感受到幸福，如同他期待著父母也用同樣方式關愛著他。

當一個人無法獲得他所需要的滿足與安全感時，要不就是長大後期待從他人獲得，要不然就是封閉自己的心，不再往外期待，由頭腦取代心的行動，掩飾或迴避自己的需求，去討好或滿足別人的需要。

久而久之，他已經在關係中用最安全的方式去經營感情：只要關起心，把眼光望向別人的需求，讓對方發光發熱。當這樣的愛情癮頭成為了一種迴避自己的慣性後，愛情就會走向沒有界線。

在他的認知裡，他是無條件的在愛，只是這個無條件的背後，有相當巨大的「有條件」，如：不願意溝通並坦承的，不被詢問過多關於自己的，對方只能接收他給出去的愛，全然接受他在愛情關係裡沒有心的流動。這樣的關係會形成權力與欲望的糾葛，絕對不是互相尊重而發生的。

阿斯卡土：

無條件的愛是在心意相通中才會產生，那是在彼此強大的信任感中發生的，雙方有意願將心敞開，並且共同穿越重重障礙，建立深度關係，才會產生的品質。

通常要求對方無條件的人，事實上是：真正有控制欲的人在勉強他人接納自己。往往這類型的人又非常脆弱並且善良，讓身旁的人既傷心但又能原諒。內在小孩龐大需求的愛，吸引了無數人的青睞，所以許多複雜的故事於是開始。

⊙愛，是跟自己的關係

Asha：

高靈們目前談的是較複雜的關係，如果是較正常的情感關係裡，如何建立自己的安全感呢？

CD高靈：

安全感建立在接納生命的無常。從自己出發做起，接納自己對愛情的心意也會發生變化，接納自己每天愛的濃度和需求都會有所不同時，你就會進而明白，無常本來就是生命的原貌。

接受生命會有自然的流動方式時，你就已經學習到安全感了。

接著，專注在自己能給予的，盡可能不將眼光放在苛責或期待愛人，將自己想愛的方式從己出發，讓自己因為愛，成為一個發光體，源源不絕地讓身邊的人感受到你美好的愛，從中建立自己的安全感。

阿斯卡土：

安全感也跟溝通有很重要的關係。

你們各住在不同的身體裡，帶著對生命不同的眼光與期許相遇了，面對心與內在傷口，是非常重要的。

勿把對方當成自己的療癒師，也勿把自己放在療癒對方的角色裡。愛情關係中，學習支持對方成為他自己，並且開放自己的心與對方溝通、分享，從互動中去認識雙方，互相深入。

Asha：

如果對方不擅溝通，並且非常理性，不願意有過多的情感交流呢？

CD 高靈：

用心意和行為讓對方感受到，同時也去感受對方的行為與心意。活在當下的關係中，而不是想像的關係。

學習更有智慧地開放自己的局限，不過度期待或強求對方進入自己的框框中，也無需壓抑與縮小自己的需求。

阿斯卡土：

我會建議，不需要勉強自己去適應一段難受與努力後再也無法流動的關係。情感過度執著，讓自己在身心靈上的提升，會停滯與互相牽絆。真的走不下去，即使還有強烈的愛意，鼓勵你放下，並且好好照顧自己。

一切都會因為「愛」而走出最好的狀態。情感執著或強制對方留下，最終還是會回到自己的身上，去體驗並重複經驗的。

愛情是跟自己的關係，受傷了，回到傷口，看見它，關照並且接納它。

2 親情

家庭是「根源」的學習

眾生有情，大家續緣成為一家人，都是來學習並且互相支持的。靈魂的願景一致，先從家庭脈絡裡學習，接著國家脈絡，進展至地球脈絡。

每個人靈魂選擇不同。有些靈魂喜歡在大家庭中去學習；有些人會在各地遊走，從地球脈絡學習；有部分的人開放給大宇宙學習宇宙觀。

只要是跟「根源」有關的學習，靈魂要體驗的，有相當清晰的方向：樹根要扎實，枝葉才能茂盛，莖幹粗壯是在於根源飽滿。

⊙家庭跟「根源」有關

今日我們一起來共同探討根源。

你們腳底踩著的大地，就是身為人的根源。地球有人類，冥王星沒有人類，但有生靈界的「氣根」。我們有你們稱為的「另一空間」的存在，我們相同有冥王星的大地根源支持著無數的存在。

在我們的世界裡，也有存在與存在間的界線。但我們不是肉體的樣貌存在，較像是你們生活中的果凍質地，是冥王星地底下支持著我們的生存活動。

氣根的意思是指「非樹根實質的具體根脈」，氣根扎實往地下延伸。

在冥王星，所有存在的氣根是一體的。我們在冥王星的存在方式，表面上是一個個果凍形象，但氣根根源來自於同一體，所以我們的振動頻率略高於地球人的振動頻率，我們的意識也遠高於你們。

地球所有人往地下延伸的根，是一群聚、一角落，是分散獨立自處的，而且存在著非常微弱的聯結。因為身體，你們的肉體有更強烈的概念，我家、你家、你的國家、我的國家、男人、女人、白種人、黃種人、原住民……等，因為地底下的你們沒有一體的根脈，所以在地球之上的你們，為了群聚的支持，你們很用力也很辛苦地嘗試合而為一成為家族。

家族於是有了姓氏，方家的人與王家的人，藉由婚姻成為一家人，靈魂目標一致——我們一定要合一，讓家族力量再度強大，大家共享這強大茂密的大樹成就，光宗耀祖。

家族故事往往是在過度期待、過度用力中展開~

傳承是個非常美好的人類故事，人類珍惜所有歷史傳承與文化遺跡。當對所有人類活動產生極大敬意的同時，地球的美麗光芒會吸引著無數地球外的存在，紛紛探訪，地球有人類的愛護擁，蓬華生輝。

一個家庭因為累生的福德，成就了家族氣根，碩大並充滿力量。

有福德的家庭通常對家庭成員是滿懷敬意的，對祖先、對後代，長輩都是充滿生命關懷的。相反地，若家庭成員盡可能不互相牽扯或保持距離，這家庭脈絡就無法支持到每個人，往往你會感覺，很多事情都要獨自面對；成家之後，一樣會需要學習創造一個有根有愛的家庭。

問：

如何從己身力量創造根脈茁壯的家庭呢？

答：

改變思考方式。當你認為你的母親沒有稱職地撫育你時，請用一個「根源」概念去思考。如：從一更高角度去看，因為你母親的無法稱職，讓你很深刻切身地明白，我自己有能力去面對，並且毫無恐懼的。你延伸出來獨立自主的個性，使整個家族的根源多了這一道色彩。

⊙當家庭成員遠離愛……

問：為何新聞上，父親對自己的女兒伸出狼爪，這不是很殘忍的行為嗎？

答：的確是在一非愛的狀態下，此父親在整個家族根脈中已遠離。受害者若能釐清，這錯誤來自於「家族成員早已在愛的脈絡中抽離」，而能更覺知，自己在這家庭中，仍有「更古老並帶著愛的祖先」與「將來由她所創造出來具有愛的脈絡」共同延續著，她會更珍惜己身力量，讓愛如同千年古樹，綿延出無數藤蔓，壯觀並且清新地存在著。

社會中，受害者需要更多人的支持，並對「她靈魂選擇此項經驗」帶著更大的敬意。眾人的支持，會助長許多失根的人如獲家族力量；種一顆善種子，使更多經歷過苦難的同胞，穿越抵達一體兩面的偉大力量。

如果你們是受害者的家人，這生命的悲劇發生在同一家庭中的時候，你們可以做的就是：對受害的親人更支持與尊敬。

另外，對施暴者請用最深的誠意，鼓勵或祈願他能知錯悔改，對自己的行為帶有最深的悔意。

如果你們身為親人，對這樣的事件無力改變，請停止將這事往外延伸與投射，回到照顧自己根脈，讓愛的力量擴大，而不是浪費再承擔的力量，或感嘆家庭故事的悲劇，這樣是於事無補的。

家庭成員做自己可做的，與「跟自己同等智慧」的其他成員，深入滋長愛的根脈，帶著愛的聯結，使家族根脈更完整。

你們可以做的並非躲在很遠的地方悲慟不已，對家族根脈有實質幫助的是：你淨化自己的悲痛，並且適當地伸出援手，提攜需要被協助的其他家庭成員。

任何發生在家庭的意外與挑戰，都是讓你們更靠近靈魂的初衷，團結合一，並且延伸出這份支持，關懷社會和其他家庭。

⊙如何轉化與親人的關係？

問：如何轉化並療癒我與親人的關係呢？

答：同為家庭成員，靈魂絕對有強大愛的願景，才會選擇成為家人，只是你們被眼前的故事遮蔽住，看不到靈魂的意願。

父親會性侵女兒，從靈魂角度來看，這是一個失去根脈、混亂不已的靈魂，會去尋找有力量的靈魂乞求救贖；在人類的行為中，這是一種缺乏界線的侵犯，也是傷害孩子最粗暴的方式。但在某個層面，父親往外傷害了他人，他也有可能接受後續的法律制裁，成為他在這業力的平衡者；我們姑且不論及前世因果循環，若角色對調，我們以此生暴力對待他人者，勢必會因為靈魂也跟他斷了連結，而痛苦了殘一生。

受害的女兒若能明白，父親的靈魂在更高的地方，帶著愛祝福著她，並且知道她會因為寬容而得到更強大的支持，她會放下這傷痛，帶著更大的意願朝愛前進。她的靈魂始終明白，有天當她立足於更正向的家庭脈絡時，父親也會同等得到救贖，靈魂會逐漸回歸，並耐心地帶領父親成為對世界有利益的家庭成員。

所有成為家人的靈魂，最終的目的就是愛。

與親人間容易產生的摩擦，通常都是以愛的目的為出發點。

先前提過，在地球的家族概念，通常都過於用力或過多期待，所以，能保有最單純的心去支持親人的家庭成員，通常是整個家族的小根苗。這樣的人從出生就知道，在家族裡種下和平種子是非常重要的。

種和平種子的人，通常不太喜歡成為家族中掌握主權、決定方向的人，對他們而言，權力會造成對立與衝突，永遠不會在一個天平的兩端，滿足所有人。

在一個家族裡，種和平種子的人數越多，這個家庭的根脈就會越堅固。

而什麼樣的人會是種和平種子的人呢？

只要是選擇在這個家族共生共存，靈魂最終的意願，便是成為播種和平種子的一員，生生世世，直到圓滿這靈魂意圖。

⊙種和平種子，讓家庭的根脈堅固

問：和平種子扮演什麼樣的角色，如何被孕育與灌溉？

答：和平種子顧名思義，是聯繫所有人的心、促使大家聚心，並盡可能朝同一方向前進。

播種和平種子的人，從宇宙帶了這些美麗的種子，撒在家族裡。灌溉培育種子，是他們一生的重要職責。種子要讓每個人人手一顆，是第一任務。

有些人看不見種子的重要性，因為他們聚焦在「權力的分配」與「在家族中所占的地位是否匹配」；有時他們誤以為，種子是一種鄉愿的情感關係，因為他們不清楚種子發芽後的真實意義。

和平種子來自於宇宙合一的力量，是濃縮萃取並親自交給會誕生於家庭的每位成員。

每人都有這顆種子，來自於宇宙的護身符，為的是到地球後執行重要任務。

這顆種子是協助每個人能發展出穩定的根脈，延伸並完整一體性；這個家族完整了，再同時延伸出與另一個家族結合。

種子裡面有三種力量：

1、對其他人保有至深的敬意。

2、不批判、不強制。

3、單純看待家人，擁有覺察自身的力量。

所思所想都是會有影響力的，即使壓抑不表達，這些評斷仍會在家庭裡發酵。人生在世，請好好照顧好自己的起心動念。看到其他人的作為還需改善進步，不是在他人，是在自己的眼光；收回來，用愛與對方連結，種子才會開花結果。

夫妻關係是愛情的進階修練

百年修得同船渡，千年修得共枕眠。靈魂們會選擇此生相遇成為夫妻並且傳承延續生命的，通常在靈魂的約定中，是來深刻學習，將愛與地球生活實際操作並且演練的。這正像當時地球空無一人的情況，細胞繁衍演化，逐漸成為了生命；生命與另一生命相遇，產生了延續的種子。靈魂為了讓宇宙間的愛落實成為人世間的愛，夫妻關係於是發生在地球。

愛不僅要落實於情感中，將所有的生活細節藉由夫妻關係顯化，也是宇宙的計畫之一；宇宙也發現，要成為夫妻，兩人在愛與生活層面，都需要有很深的緣分才能完成。

地球進化是宇宙的唯一目標，能夠有意願為地球延續生命種子的靈魂，需要在學習經驗裡都有足夠的共識，才足以投胎並結為夫妻。

地球生活中，夫妻為彼此或後代的生活，必須從實際層面學習金錢，為家庭生活付起物質創造的顯化能力。

再者，夫妻間也需要將家庭的範圍擴及各種社會關係，如教育觀點，夫妻共同參與了為地球延續下一代，並且提供孩子們最需要的教育價值。

光是說到這，你們可想而知，這修得百年、千年的兩個人相遇走入婚姻，同時再為地球延續生命，是多麼的崇高與令人興奮啊！

阿斯卡土：

是的，夫妻是兩個有意願支持地球，並有相同理想願景的生命體。

也許你們正抱怨著：夫妻生活糟透了，成天為孩子們的教育觀點不同吵翻天！殊不知這也是宇宙最完美的安排。夫妻正同時為更進化的地球努力延續生命，也為著彼此在愛情或情感關係中，經驗最完美的學習。

⊙從靈性觀點看婚姻

Asha：

阿斯卡土，您知道，隨著人類生活的進化，物質的欠缺已不再是整體最大問題，雖然還有些地區資源短缺、長期陷於貧窮。但在更進步的國家中，當物質不再是最優先的問題時，婚姻可能是當今變動中，最需要從靈性觀點釐清的，您可以多多詳細說明嗎？

阿斯卡土：

婚姻已儼然不再是傳宗接代最主要的意義了！

你們有許多朋友進入新時代的磁場，不婚的朋友占的比例越來越高……大家延續了深厚的緣分，成為同居者或僅止於夫妻關係，「綿延後代」對妳們大多數人來說，是三思而後「絕對不行」。

阿斯卡土不贊成！我贊成你們三思後是因為個人因素，例如想選擇更自由的生活、更有意願專注於自己內在提升；相反地，如果是考量下一代在現今的地球沒有太多益處、環境只能提供的負向遠超過正向的話，請傾聽我們帶給你們的宇宙真相。

越負向、充滿壓力的環境，越有進化發展的空間。

環境會使人類反思生命的真諦，尤其是近年來，這些來自於宇宙更高頻率誕生的新生命，他們都攜帶著淨化地球的光芒。

當科技發達，資料一覽無遺時，記憶、填鴨性的教育已不再滿足他們，他們的光芒聚集，使周遭的人，父母、朋友、師長皆有所獲，清理舊有思惟，促使意識提升。

所以如果身為父母的你們，是因為環境的因素而選擇不生育孩子，阿斯卡土建議父母放開心胸。新人類帶給地球的是整體的助益，他們帶著光芒與新思惟提供給世界，朝向更進化的將來，人類意識也會因為地球的困頓緊張，而往另一層次進展。

生不生孩子是在個人當下的意願，有些靈魂選擇來世相愛並且進入夫妻關係，且已約定要有孩子們相隨，這對孩子們來這世上的計畫，也已經有大致上的安排；但也有許多靈魂決定，等夫妻關係落實後，因應在地球的生活過程，當下再做決定。所以我說，生孩子是個人的意願。

當你們決定，將來希望有孩子為地球灌注不同的生命力量，我們會因應地球的進化做生子計畫的基準，共同與你們計畫許多地球的實務經驗，並將此家庭關係的整體進化，放在第一首要考慮，與妳們溝通並提出創意性的計畫。

夫妻關係間，能在靈魂層面圓滿，是彼此間學習到寬恕、愛與慈悲；並有智慧地明瞭，生命共同體的背後，是獨立的兩個個體。勿將夫妻誓言一生守候的約定窄化了，那是人類因應恐懼製造的的規定。

宇宙間看來，相愛最美好的是：有接受挫折與嘗試錯誤的空間。有意願相守至老的靈魂們，在生子計畫中，大多是記載著無數可以拓寬愛的空間與能力的約定；夫妻關係的擴展，引動兩個家庭的擴展，夫妻間也會經驗一生跟愛有關的各種層次，從小愛延展至更大的愛。

⊙愛是唯一的吸引力法則

我贊成同性之愛（來自於天然才算，追求時髦的不在此例），在人類的進化當中，絕對不會全數成為同性戀者，所以延綿後代不在地球的恐慌之中。正向來看，同性之愛因為性別相似，所共創出的能量頻率比異性戀者來的靠近，在愛的穿越課題，大體上來說是較能勝任的。

另外，地球約莫二〇二〇年開始，許多的狀態會層出不窮，無論是健康、金錢、政治、國家種族紛爭，會不停地輪番上陣，就像把過去發生的歷史再度席捲，讓大家用不同角度再次溫習。

唯一可以強而有力地將地球風暴走向更穩定進化的，是人類之間的愛。

當這批新靈魂面對地球的困境，宇宙賦予了強大的直覺，他們會認出生命裡可以讓自己更完整的相遇。愛是唯一的吸引力法則。

所以我贊成各種形式的愛。認出愛，勇敢並真心地往前走。

當然，千萬記住，不要以愛為藉口，迴避了自己應該要敞開學習的。

你們大腦總習慣欺騙自己，欺騙所有人，百分之九十的人活在頭腦的欺騙機制。

愛就全力以赴，不愛就坦然面對。我最不支持的就是心與口不合一，表面是為了對方不受傷，但事實就是缺乏力量，對自己的愛無能為力。

所有的靈魂都應該被真誠對待，敞開溝通，尊重每個在眼前的生命，把事實與他們分享。

背叛的傷痛往往是「深愛的人因為脆弱而隱瞞了事實」導致的後遺症，使得愛一錯再錯。紙包不住火的，你騙得了一時，卻欺騙不了所有人的靈魂。

這當下，如果你受困於不適合的夫妻關係，「不繼續」的意願強大，我支持你活出自己的生命，聽從自己心的意願。即使頭腦告訴你，或宗教告訴你，或者父母希望的……請遵守宇宙愛的法則。

⊙夫妻真的是合腳鞋嗎？

當我說「如果你們受困於不適合的夫妻關係」，千萬別輕易對號入座。夫妻關係本來就是愛情的進階修練版，相遇已經是非常難得；還有因為雙方的意願而可以進入婚姻生活，將愛的種子播種，並且實際演練進入生活中，共同為地球綿延後代並且延續光芒。

除了孕育之外，夫妻有個著實必須穿越的課題：「我們的相遇除了愛，也同時回歸原生家庭的原貌，讓彼此茁壯。夫妻關係在宇宙的安排中，精準地互相釋放過往來自於原生家庭的傷痛。」

你們是對方完美的鏡子，你們相互間的爭吵，如果彼此足夠覺察，會輕易發現，許多是複製於從小長大的家庭。

改變它吧！許多夫妻關係越走越窘困，都來自於複製性的戲劇張力，雙方都不願意妥協或放手，不原諒自己之外，更是對伴侶嚴加管教。

認識自己的傷痛，看著它，接納它，釋放它！

Asha（轉述案主）：

我在西方國家受教育，嫁給了一位土生土長的台灣人，內心渴望有個自由的婚姻生活。某個層面，我抗拒台灣傳統的婚姻模式，男尊女卑，或者女性要以家庭為主要核心，事業放置後者。我的丈夫某部分的模式是較偏向台灣傳統模式的，我該如何調適呢？

阿斯卡土：

我們嘗試不將眼光放在妳（案主）記憶中的父母親。也許某些行為模式，的確是在這塊土地形成的，但是我們無需將集體的框架再放進夫妻關係中，因為尊重文化傳承地帶給人的生命意義，是妳首先要學習的。

亞洲傳統家庭中的父親，扛起了對外的重責大任，所以背後帶來的就是父親較受「敬重」。在原始蠻荒時期，男人頂天立地，天生比女性充滿陽剛力量，征服與保護是一股天地間賦予的勇氣，這部分延續到案主提的傳統模式。

在我看來，這種傳統模式的優點是：願意扛起家庭對外責任的男人，已經為夫妻關係撐起了一把茁壯的保護傘。反思會有排拒這把充滿力量的保護傘的女性，往往是在原生家庭中，父親與母親的力量展現上有學習課題。

如果案主的父親在亞洲男性角色中，感覺到自己不夠稱職或有挫敗的歷程，那麼女兒就會有可能複製這挫敗的記憶，承襲父親尚未完成的任務，但同時又不抗拒母親長期替父親扛起眾多責任。所以她提到，需要擁有自由的婚姻。

案主可以先放掉記憶中原生家庭較負向的感覺，嘗試正向化所有記憶，例如，父親「很努力為家庭努力，守住家」的勇氣，母親也有能力為父親、為這個家盡己之力。雖然，若以當時的家庭價值觀來說，許多過程不盡完美，會不在常規中。

如果案主希望活出真正自由的婚姻關係，第一個要認清的是：這些曾經看到的、傳統非自由的價值裡，父母從中正向成長與學習的部分。

當你們內化了父母關係的優點，你們已經走進自由的範疇了。

同樣地，我可以聽到，有些男性身處在台灣環境中，內心也吶喊著：想擁有更大的婚姻自由，不願意成為整個家對外的保護傘；他更希望可以互相支持，大家平均負責家庭；他渴望妻子不再過度投射一個男性權威、頂天立地的父親形象。

關於這部分，阿斯卡土想回應男性朋友的是：放輕鬆，現代社會保護傘的材質跟以前不同了。

以前環境惡劣，需要如鋼鐵般的剛硬材質；現在社會彈性大、包容度高，這把傘可以越來越優雅，並且可以選擇更不同的柔化材質，甚至偶而收起傘放輕鬆。你們只是天生較妻子們多些陽性力量，有力氣把傘撐開。

扮演這天然可以勝任的角色，享受當保護者的榮耀吧！地球進化了，請敬重自己天生被賦予的保護者角色。

即使外在狀態你無法勝任，你的妻子顯化能力更強、創造物質的機緣更豐沛，也請你放下這份束縛，接納並敬重自己生命的樣貌。身為人，一定有自己可以貢獻的能力，發展並看重它，即使是還在尋找。

敬重你們生命的第一個家庭的原貌，愛護並將喜歡的優點擴大，讓妳們內心的愛與光芒，因為原生家庭的存在而充滿榮耀。

每個經驗都是最好的學習，放寬心量，你們想擁有的自由在於內心裡的感受，先將自己從原生家庭的綑綁中釋放出，敬重並愛護它。

無論你們的原生家庭父母關係如何，我們都會有承接與複製的行為，這也是為何我們在此談夫妻關係。

有意願讓夫妻關係在許多愛的互擁之下長大的朋友們，請不要把完美的理想放在個人障礙中，而是敬重這關係中很棒、可以延續愛的部分，放大它，直到妳感覺在關係裡充滿愛。

「敬重」是家庭關係中強而有力的枝幹，夫妻關係要穩定和諧，先學習敬重另一半的存在；相同地，這股敬重的能量也會反射到自己。家的根穩定了，播種的妳們也有了創造的空間。

親子新關係

⊙教育需要空間

Asha：
我的孩子們現在分別是七歲與十歲，他們並不適應體制內公立小學填鴨式教育，現在他們就讀體制外的森林小學，課程內容大多以討論與思考啟發為主。阿斯卡土對於台灣教育或者未來教育有何見解呢？

阿斯卡土：
很好，他們當時找尋父母、降生為人前，美麗的孩子們給了我們以下條件：

哥哥：

請給我們的成長有足夠並且超越約定俗成的空間。我們自帶光芒，我有絕對的獨立思考，我要與靈魂的來處緊密連結，這是提供給我生命進化的靈感。

如今地球的教育提供給我了解地球的演進，請讓我用十六年的時間搞清楚這個我生活的環境。

我的願景是突破物質界最迂腐的承襲，人不應被威權束縛，不應藐視生命，更不應為了獲得而採取暴力。

另一個孩子（妹妹）：

為何我要等哥哥之後才能出生？我要一起！我要跟所有我愛的家人一起做所有的事。

我來自於大地，我是大地之子，地球的演進我清楚不過，我願意提供給我的兄長最多地球的觀點。

我也認識地球的生靈，過往我穿梭於地球天界中，看顧所有生靈的孕育。我是孕育之母的一部分，我的願景是將人類重新與土地連結。

我也自帶大地的光芒，我的生命八年中，協助我的父母認識家庭與夫妻關係。

我的出生跟大地演化一樣，會經驗許多重整的過程，所有的摧毀都是最好的更新。

請給我獨立思考、自我探索的勇氣與力量，請教育帶給我更多生活需要的工具與知識，但請尊重與保有我「用我自己的喜好與方式摸索」。

謝謝神願意讓我在這對父母的羽翼下誕生，因為他們會給我最大的空間！

⊙讓光芒之子更從容地當自己

這兩個孩子尚未出生，就已經很能爭取自己的獨立性。他們代表新一代孩子們的狀態嗎？

新的靈魂在二〇一〇年開始絡繹不絕地誕生，我們稱他們為光芒之子。他們帶來的光芒如同彩虹般艷麗四射，他們選擇自己靈魂最想著色的顏色。

妳的兒子選擇了藍色與紫色成為他生命的主軸，女兒選擇了紅色與白色延續妳靈性的體質。

藍色代表屬神與富有靈性品質，紫色象徵獨立精神領袖。女兒所挑選的紅色是為了父母而來，扎根與落實家庭的完整，由她給予你們夫妻學習，如同之前所提的家庭關係中的氣根，這孩子的氣根扎實又穩定，可以將整體串連。

相同地，她也會將她的靈性天賦落實在各種情感關係裡。如果 Asha 是協助人靈性成長，妳的女兒應該是協助人擁有健康的身體，讓靈魂的載體可以在地球生活的自在輕鬆。

讓這些新小孩可以更從容地當自己，讓他們可以更有空間表達他們的內心想望，允許他們不願意成為考試的工具，更不願意被雕琢成一致的樣貌。

父母們，我相信在台灣的環境充滿著升學的壓力，沒有大空間可以讓孩子們多方選擇。但是若從我們的視角，光芒之子內在強大的願景，足以創造出可行的未來。與老師們多多溝通，讓孩子們可以在壓力的大環境中，有各自獨立與活出自己的空間。

體制內一樣有光芒之子成長的可能性，父母不停成長、不停地與校方溝通。將來的教育體制中，完全會摧毀過去名師名校的概念，過往最「保障將來」的科系，也逐漸會被這些自帶光芒孩子的成就覆蓋。

父母請堅持讓孩子們有空間追求自己的夢，考試成績與科系優劣，在靈魂進展中是毫無意義的。

未來是靈感的世界。要創造新地球的將來，請尊重孩子們最深的意願，與護擁他們長成自己生命的那棵樹。

⊙教育與陪伴新新小孩成長

Asha：

這些新新小孩，你們稱呼他們為光芒之子，請多聊聊在宇宙他們扮演的意義，與他們如何展現剛提及的——為自己的生存意義感到光榮呢？

阿斯卡土：

光芒之子完全不能用權威與壓制的教育對待。在過程中，你們會見到他們會有兩種極端的顯現：一是內縮、躲藏自己，另一是過度自我、不妥協。

但這兩種極端，其實都是因為，他們內心天生下來的頻率比過往的你們都還快速，靈魂等級也較成熟。他們內心儲存著一股過人的頑固，即使他們表現的很內縮，內在不妥協的固執，仍使他們在現今的集體意識中，憑著無法解釋的直覺，走向他們生命完整的需要。

他們在十五歲以前的左腦是較右腦發展弱的，右腦區的直覺與靈感，成人們以為是他們個人的自我意識、不羈性格，但事實是：右腦連結著宇宙間的靈感，導致他們不輕易妥協於成人習慣的認知。

他們出生前靈魂的約定——將新意識帶到地球，是他們唯一認可的生命事實。

Asha：

怎麼教育與陪伴他們成長呢？

阿斯卡土：

放輕鬆。會成為父母，是他們出生早已全權挑選過的；父母保有自己的自由與空間，是對他們最好的協助。

他們負載著大量靈性訊息，同時也在經驗各種舊時代社群的集體意識，穿梭在兩者間；父母如果可以更擴大內在自由空間，對他們就是最好的守護。

CD 高靈：

他們成長過程中，勢必會面對到，集體對這群右腦掛帥的小童們的擔憂與質疑，並且帶著有色的眼光，認為這群孩子過早的叛逆與自我；在排斥體制內填鴨記憶性教育的前提，他們似乎絲毫沒有熱情在聽教條式的看法……即使他們生性溫和，帶著豐厚的愛，兩眼望著成人們，卻早已飛飄在某個宇宙外太空。

成人們，加把勁，你們說出來的話，自己都不覺得無趣與刻版嗎？嘗試放下成人的身段，試著接觸這些光芒之子真正想透露的。

當你們明白他們的真意後，你們擴大內在的空間，這時候再將現今社會集體的模式，一點一滴地與他們共享與討論。

有些答案，其實在成人的世界，終生都無法尋獲。而我們可以支持的是：讓光芒之子與成人們在各個角度中共同激盪，共同學習。

3 友情

朋友是來完整我們的

朋友是來激勵靈魂擴大願景的。與家族靈魂意圖不一樣，家庭中每個成員的靈魂意圖是在同一方向建立一體的連結，友情就是來刺激靈魂或個人有更寬廣的意圖。

簡單說來，家族是垂直發展扎根的，友情是橫向擴展願景的。

每個靈魂在出生前，都會選擇想要學習的主軸，大致決定了，就會有選修課的選擇，哪些決定使靈魂在一生中可以增加更多的色彩，並且豐富各種面向的學習。因為是選修課，所以各位一定有發現，每個階段會遇到不同的朋友，讓自己更完整。

透過來自不同家庭的朋友，我們可以學習到許多從原生家庭中所見不到的；也可透過思惟的多樣性，讓靈魂在建立社群關係中，因為友情的連結而變得更容易。

冥王星沒有友情的存在，我們皆來自於同頻率、同一根脈的支持，同一種意識並無法像人類這樣，互相影響與認識。

⊙共同願景的人相遇

有一種因緣以友情形式再度相遇：同樣帶著服務與協助地球提升意願的靈魂們，為了要擴大維度，橫越過家族、國家，這約定的相遇是重要並且對世界有直接幫助的。我們相信看到此文的朋友們，你們都有著相同的意願，互相支持對方，使世界變得更美好。

坦白講，這幾年我觀察，來到 Asha 眼前、有心成為服務者的朋友，他們都會有些相似念頭如下：

- 我是不是那個可以做大事的人？
- 我們是不是同一團隊來為地球服務的？

- 我可以成為通靈管道幫助更多人嗎？
- 好羨慕他擁有這奇特的能力！
- 這樣追隨著高靈學習，我會開悟嗎？
- 我永遠沒辦法通到像 Asha 這種程度，怎麼幫人？

相同服務願景的人相遇，請務必非常清楚地明白一件事：一個團隊並不需要不同的人做相同的事，即使通靈管道在這地球絕對找不到一樣的。

白長老透過 Asha 傳遞的訊息，是透過各種能量的融合，創造出屬於她獨特的訊息場，富有療癒性的，合乎她個人靈魂意願的。白長老是一股精純白色的光，有意願的人都可接收到祂的訊息。

「訊息」對靈性成長的部分，有直接改變的力量，若想要期待成為誰，或完成什麼任務，並不會在白長老的訊息中發生。

「任務」是在所有人的靈魂意願中互相吸引融合而產生。白長老或各位的精神導師，與我們同時存在著，祂們是保護者，也是力量支持的最主要來源，但通常祂們不以訊息主導我們該從事什麼樣的行動改造世界。祂們總是教導我們，力量的偉大來自於我們由內而外的蛻變，無需另一世界的威權者。

一個團隊想一起做服務大眾的事，只要自己準備好，任何想參與的靈魂都會被吸引到來。

靈魂有地球選修課，不斷地在選擇與學習。友情的特色就是開放式的，心意相通，便能在某階段完成一些事；學習告一段落，接下來一樣可與不同的人產生不同的學習。

選修課的概念就是：靈魂帶著想服務人、使地球更美好的意願降生於世；在行走過程中，靈魂們會開放地讓不同質地、可互相提升的新夥伴靈魂加入參與，只要在相同願景中，就可能可以互相支持，並且激勵團隊達到快速提升。

另一層面，帶領我們的指導靈、精神導師們，會以靈魂學習方向為主軸，策畫些故事情節，讓大家可以更快速地療癒與提升。

此生相遇的朋友們，都是來完整我們的。

⊙相信內在的指引

Asha：

前幾年，一路上會遇到有意願從事靈性服務的朋友們，大家相聚、也有意願為地球增加一些心力。但是過程中，只要有靈性訊息介入，或某些高靈們提出偉大的願景，以我觀察的經驗，是無法快速達成的。請問是因為訊息易變、不準確，還是人們解讀訊息有差異呢？對此，CD高靈與阿斯卡土有何看法呢？

阿斯卡土：

完全能回應妳的提問。若以妳的歷程來與各位分享，希望透過這個問題，可以打破對改造地球或過於誇大的靈性願景的迷思。

首先，靈性訊息的高度與寬度，透過通靈人傳達時，會因通靈人個人特質而發生不同的質變。

例如，如果通靈人充滿對實現大願的期待，這訊息過度激勵的氛圍就會影響團隊。優點是，團隊會因此充滿期待並且保持信念；但缺點是，如果這些訊息聚焦強調個人功成名就，那虛幻的假象就會開始擴散。當然，隨著時間，所呈現的事實會不如所願，而整體產生晃動。

Asha：

在人類的世俗世界中，「團隊要達到目標」是很頻繁通用的語言。我相信訊息不僅有大範圍的願景，參與的人也會在其中而有所收穫。剛才提到，訊息有寬度和高度指的是什麼？

阿斯卡土：

首先，大部分的朋友若需要從訊息的指引裡建立起個人信心或自我價值時，大都還在尋找自己生命的道路，在靈性願景中都尚是初學入們者。當學習才剛開始，「扎實的實踐」於內在是很重要的。

訊息的高度指的是一種，更長遠與地球共生共長的靈性品質；訊息的寬度指的是，這些靈性的概念絕不是一個團隊可完成的，它是宇宙旨意注入地球全面的範圍，這訊息場包覆著整個地球周圍。所以，所謂偉大的靈性指標來自於此。

但人們聆聽訊息時，往往會把這令人陶醉的神聖旨意領受為「個人與團隊的榮耀」，而容易陷入小我的過度期待，也容易將地球整體的概念歸納為單一團隊的權威模式。

CD高靈：

以妳的經驗為例，幾年前曾有一通靈者帶領的團隊，積極想與我們合作，但是我們一直以觀察的態度，並不積極推動合作。

這樣做，一部分是因為，我們要訓練引導妳學習，如何以內在直覺，抉擇並認出可與白長老精神團隊共榮生長的頻率；過程中，我們放手讓妳去經驗嘗試，並且認出之間的差異性和訊息場的準確度。

另一部分，我們也秉持著開放場域，歡迎所有可能性。

那次的經驗，最後妳決定退出團隊，我們無條件的支持並守護著妳。妳看見團隊的盲點是：帶領的通靈者助長了過度期許與個人欲望的企圖心，當過度了，就會失衡並且失真。

在每個訊息背後的挫敗，會引來更多人格的強勢與團隊間的互相否定。

從整體能量場頻率，妳清晰地了解，無法與那個團隊真正融合與合作。在這整個事件，讓妳實踐並學習到「相信內在的指引」。

阿斯卡土：

白長老精神團隊中，是以發酵、發散的概念引領有緣人，能吸引來的朋友們，也是有著「精神獨立」與「不過度聚焦於個人成就榮耀」的特質。在這實修過程中，妳們學習認識自己與內在靈魂的想望，在與夥伴們交會中，彼此提醒，互相增長。

優秀的人在世俗的成就中，往往被約定俗成的名與利綑綁。要學習「讓自己帶有靈性品質」的路途中，自尊心和頭腦的慣性勢必面臨磨練。

每個靈魂透過個人的學習經驗而明白，靈性是來幫助自己活得更寬、更放鬆，並且自在地存在著，並影響身邊的人。

⊙從「心」去決定方向

Asha：

那麼，當我退出團隊時，勢必引發了團隊的情緒。他們曾帶著如此強大的革命願景，請問，這些故事也是早已被安排的嗎？

白長老：

這題由我來回應妳。

妳知道「朋友是來互相認識自己尚未完整的部分」嗎？有些朋友在發生重大

事情的時候，會選擇保護自己最在意的人、事、物，如伴侶、金錢、名聲……等，這不表示這位朋友不值得信任。但在現階段，妳可以同理的是，她需要被愛與被肯定，或者這個合作更多是找尋她個人的位子，所以妳們勢必會暫時分開。

而妳，在過程中，因為習慣性的放掉個人需求，導致力量是分散在滿足所有人，或者不信任自己的直覺，而在合作過程中面臨了考驗。

當遇到事情時，最可以觀察出一個人最底層的心意：能凌駕於自己的，就能在名與利當中抽離，並且選擇自己真心要前進的。這也是我白長老這幾年的帶領，破除大、偉大、名或利的引誘。

這幾年讓妳經驗與磨練的相當多，我們清楚，完全放手讓妳獨自面對，可激發出來的力量是無懈可擊的，所以，這所有的故事，在更大整體的祝福中前進著。

Asha：

沒錯，當我軟弱地面對世界，一直用一種「期待別人也可以如此開放善待」回應時，我已經把力量交出去了。也因此我學習到，善用智慧並且洞悉人性的陰暗面，凌駕於人性與自己的脆弱與恐懼。我也覺察到自己將力量交給祂們，過去的祂們會協助我決定方向與幫助我選擇，現在，我學習到為自己作主。

阿斯卡土：

人在學習為自己作主的時候，會面臨兩種經驗：過度自信與害怕選擇。「過度自信」會以自己出發，替大家做決策，有智慧的人可以將整體推動往前；相反地，盲目的選擇會引發團隊的晃動。

另外，「害怕選擇」的人，通常把自己的決定當成生死令。一部分害怕自己的決定是不是影響了整體，為自己的個人觀點搞砸了更大的可能性。關於這部分，我會鼓勵你們：記住過往經驗，如果因為過度主觀或封閉而導致合作上的不和諧，再次做選擇的時候，學習更開放心胸，並且與團隊敞開溝通。

再者，當你還不夠清晰自己的直覺，或選擇上猶豫不決時，給自己時間，再更深入地回到自己的心，從「心」去決定方向，放掉頭腦上的是與非。

每個人都有犯錯的可能性，何況在所有選擇當中，都稱不上犯錯，因為都來自於個人的想望。我們可以隨著經驗，更巧妙的表達與選擇，學習面對問題本身，展現力量，解決它，直接面對！

Asha：

是的，這次經驗學習到了，不用畏懼能言善道的權威者，站穩並清晰表達自己的立場，不苟同任何人與自己現階段學習中認知的差異性。當我們遇到頭腦與個性強勢的夥伴，敞開並且充滿力量地告訴對方，這樣的方式，現階段是行不通的；不否定對方的認知，但也不委屈求全，一切在開放當中，給時間更多時間，給彼此更多成長的空間。

阿斯卡土：

很棒，真正的朋友會懂妳，並且包容妳。而不適合的朋友，我們互相敬重，並且祝福對方。

友情似是樹上的果實，妳走經樹下，掉下的那一顆。妳見到了嗎？

友情的背叛

Asha：

如何面對友情的背叛與謊言呢？

阿斯卡土：

這問題我們要編改一下：人類要如何面對自己的背叛與自我欺騙呢？

⊙友情如同照鏡子

CD高靈：

人類在尋找自我真誠的道路上，都會有友情出現，來協助完整與成長。

友情沒有親情深根與血脈相承，也不像夫妻有傳承的使命，更沒有親子間那直接連動的生命脈絡。

友情出現了，我們開始與對方編織出生命的聯繫，順緣的朋友容易共築默契，敞開內心的陰晴圓缺，互相提升成長。朋友之間會藉由對方，照見自己內心深處，互相提醒並攜手前進。

有些友情是來挑戰內心陰暗面的，當之間的信任與默契化為烏有，外境就會因應內在，顯化出該面對與學習的功課。

阿斯卡土：

我看得見在妳的身上，對友情是不願意過多期待的，也就是說消極與被動的。當然，在妳周圍，很親近的朋友都有像家人的品質，這非常難得。我們來聊聊消極與被動的部分，好嗎？

消極是一種隨順生命的態度，同時，也是對人性尚未完全臣服與接受；反觀之，這對妳學習臣服於自己的起心動念，是很好的練習。

友情如同照鏡子，妳的被動中有種難以親近、無法捉摸的氛圍。肯定有朋友形容妳自由如風、難以捉摸？同時已經和妳成為真正友誼的，會深深地喜愛妳的親切與溫和。

消極與被動是在過往的累世生命經驗中形成的，當妳不全然接受自己如風般、千變萬化的通靈天分時，妳也會讓自己形成一個與外界不流動的社會關係。此生已沒有過去對通靈人、女巫的殺戮行為；開放的環境中，學習更大的臣服與接納，接納自己的獨特天賦，臣服並且深愛著，讓此生的妳可以建立起與公眾的關係。

在這開放的流動中，學習愛與直觀來到眼前的生命，並凌駕於人性的陰暗面，擁抱對方。當妳擁抱自己的陰暗面時，妳已經逐漸擴大並且更自在地行走於人世間了。

Asha：

謝謝提醒，我嘗試並且學習。

⊙學習面對孤獨

阿斯卡土：

人類會恐懼友情的背叛，是因為害怕面對自己的孤獨，所以總希望在遊走於人世間時，有一群靠我們這邊站近些的朋友們，因此會隱隱地恐懼背叛發生。

我們會將朋友的選邊站視為背叛，將朋友的認知與肯定視為是否值得投注友情。種種友誼上的考驗，是宇宙在引導人類學習面對孤獨，並全然與自己共處。可以享受孤獨的人，自然可以在過程中認識未知的自己，觀照自己的起心動念，看著，與之共處，並且全然地包容與接納。

自己與內在安住平安時，友情的學習便會逐漸融化，同時為這友情更加灌注愛的支持與力量。

面對好友的背叛，我們也可以藉由一些療癒釋放的技巧，並且好好繼續前進。與好友暫告一段落的起因有很多，我們可以先讓彼此在各自空間學習成長後，讓生命之流柔順你們之間。

為自己做個釋放的小儀式，這是個可以將彼此能量線適度回到自身的方式，請帶著愛去完成。

療癒友情背叛的釋放技巧

- 在地面上畫上一個大五芒星，並且在畫的同時，默唸對方的名字。
- 站入這五芒星的能量圈內，放鬆。有些較敏感的朋友可以立即感受到對方的身心狀態，如果感受的到，也許你可以藉由能量代替的方式，感同身受當事人的狀態。
- 如果感受不到也沒有關係，我們進到下一個階段。在這個五芒星當中，我們祈請友誼在彼此間再度建立，這是我們靈魂的約定，接納並且臣服。
- 我們將當初完好的相遇重新再連結後，接著，請加入意念：感謝你的存在，目前我們各自經驗友情的考驗，我願意將這連結的能量線歸還給更大整體，讓這份愛與祝福充斥著我們之間，並且各自回到自己的生命。
- 慢慢地，左腳跨出這五芒星，請用右手輕輕拍打自己的胸部，並輕喚自己的名字。
- 像五芒星頂禮，感恩並且請整體將能量圈清理並帶走。

讓友誼在一份更大的祝福中，走向更美的振動頻率裡。
所有的傷痛都交還，並且信任地繼續往生命的道路前進。
祝各位有情眾生，友情芬芳。

4 靈性之愛

物質與靈性的平衡

Asha：

對於靈性在物質世界中如何可以調配得當，願意談談嗎？

阿斯卡土：

靈性與生活如何調配？這是個相當可愛的問題。妳會分配呼吸與心跳嗎？呼吸是天然的人類行為，它伴隨著每個人的生活，自然地存在著；除非是有呼吸上的困難，否則你們應該不會太關注呼吸與自己要如何調配得當。

但我清楚妳所要問的。我轉個概念，進入人類的思考模式……

⊙不需要只為靈性而存活

人的確要追求靈性，在追求當中，憶起生命的來處與宇宙的美麗。追求的過程一定會亂了陣腳，如同妳要刻意追求優質的呼吸方式。

事實上，有平穩的呼吸，確確實實幫助身心靈的整合，呼吸是人類修習中很關鍵的一環。一開始，我們會刻意追求；隨著深入與融合，呼吸就會因為刻意練習，而進入一種更規律深長的呼吸狀態。

靈性學習也是如此，一開始，許多的概念會與物質世界的妳有衝突，只要有人類的頭腦同時運作，這些疑問都會在思考中不停地湧現。

靈性對我們而言，是如此地天然與時時存在，要將它轉換成人類頭腦或心可感應的狀態，也是我們「傷腦筋」的一部分。透過Asha的身體與腦，更讓我們明白，只要進入人類的腦，就會傷透腦筋。

我們清楚，靈性要在地球物質生活中鋪天蓋地，看來比地球消失更不容易。

所以宇宙計畫裡，並沒有需要人類只為靈性而存活，更多是取其平衡，讓物質體驗與靈性提升相輔相成。靈性不需要你們放下所有物質成仙。

⊙ 靈性一直都存在呼吸之間

靈魂成長有階段，第一個階段先完全體驗物質。在物質界中，你爭我奪，適者生存，是非二元對立具有生存挑戰性，這是年輕靈魂尋找體驗的。

當年輕靈魂感受到，只有爭奪，無法滿足內在那份空缺時，靈魂就會再選擇更大的體驗。靈魂開始會尋找好的關係，群體共居的生活，團隊的、依法公平正義的……所有來自於合一源頭的靈魂們，自始至終陪伴著人類肉身世界的學習。

靈性一直都存在你們的周圍，你們的呼吸之間。或許我應該修正「你們」的字眼，因為我在此與你們溝通，也正隨著你們的呼吸緩緩地融和，逐漸地，呼吸在我們之間，靈性也在我們之間。

享受當下這融和的品質帶來的寧靜與愛，只要經驗過與愛融和的感受，你已經迴避不了靈性的存在。

人類好鬥爭奪的同時，也迴避不了內在渴望回歸的那分初心。

愛在我們之間，在你與宇宙整體之間流動著。

美麗的記憶會永久存在，直到你們清楚，追求物質與活出靈性品質毫無衝突時，恭喜你，你已進階到靈魂的最高端。

靈性，是與自己的關係。

靈性的實踐

Asha：

對於一些想從事身心靈工作的朋友們，可以給一些建議嗎？有些朋友願意提供靈性服務，但是這個工作又往往不容易維生。如何讓這些有意願成為靈性工作者的朋友們，可以有更平衡的物質呢？有何具體建議嗎？

⊙身心靈工作，從實踐開始

阿斯卡土：

實踐它，勇敢的行動並且實踐它，這跟許多職業是一樣的。

好比妳問，想成為好的企業管理者，要具備什麼樣的條件，如何實現理想呢？

如果你對夢想都抱有遲疑了，那我會請你直接找個安分守己維生的工作吧！

有些人適任在生活的安全範圍裡；有些人有夢想，並且對生命是有獨特的堅持。我會鼓勵你們，行動並且實踐它。

隨著生命的進展，你會與自己生前約定的藍圖或選擇更加靠近。當你開放的尋夢並且行動它，老天不會阻礙用心活著的人，反而會有更多的祝福，將夢想與個人的生命志願放進同一條軌道。

當然，有一些人好大喜功，想要成就些什麼大名堂、證明自己是優秀的。終究，在追逐的路上，也會遇到生命的瓶頸。藉此，重新認識自己在追求理想時，是否幸福感倍增呢？

從事身心靈工作，可以靠近生命本質，所以常常在協助人之後，會感到幸福美滿。因為在每個與有緣人共同探索心靈時，生命屬靈的原動力會被觸動，靈性之愛會源源不絕地灌溉著。

這是份很美的職業。過去，物質世界中，創造很美的人、事、物往往賺不了金錢，主因不在命運的安排，而是過往的記憶中，大部分的人將人類與靈性切割得很清楚：宗教性的人，需要跟物質保持距離，才會有清高的品行。因為在人類底層很清楚明白，物質會引動欲望的貪婪之心，所以人類戒慎恐懼。

太多的歷史戰爭都與宗教有關，即使不是為了金錢，往往是為了權力爭奪。現在，我們試著打破這迂腐的概念，身心靈工作者已不再是宗教殿堂中的棋子，更多是將生命的靈性傳導至生活當中。

一份與靈共振的職業，是需要被專業敬重的。如果你們帶著迂腐的眼光去看待，你們將會發覺，這迂腐的眼光在你們個人的生命裡，築成一道自以為是的心牆，分開了自己與他人的愛。

至於身心靈工作者為何有生活上的困頓呢？也請你們從舊有的迂腐思惟中解放出來吧！我們可以學習金錢與靈性的平衡，更可以知道，服務的給予是藉由物質界的流動，讓這份靈性的品質徜徉於地球間。

如同你們與敵對的政治國家中，仍保有靈性上的接觸，因為在更高的屬靈空間裡，並沒有政治，更沒有敵對，你們只是擔任這道橋樑的通道，讓生命的實相流向地球。

我鼓勵靈性工作者，保有對金錢的愛與關注，取其平衡，實踐並且行動它。當你感覺金錢的力量已遠超過幫助人的初心，請謹慎地記著，宇宙會協助並提醒你再度平衡，並且清理欲望。

當你給出去的愛流動，並保有真心時，金錢的流動也會隨著時間顯化。

要有些耐心與信心。有時候金錢為了測試你的平衡感，會捉摸不定地讓你感覺焦慮。停下來，看看個人是否有需要調整的。

重新看待金錢與靈性的關係，讓兩者如同宇宙賜福的神聖之禮。

⊙所謂順著生命之流，是「選擇」並且「保持行動」

Asha：

順著生命之流真正指的是什麼？是指不選擇、不行動嗎？

阿斯卡土：

選擇並且保持行動，生命順流會將你們推向抉擇和分岔路口。

許多修習靈性的朋友們面對交叉路口，會緩下腳步，靜坐於路口，期待下一步的神聖旨意；有時候會祈禱宇宙，是否可以給些信息，指引至圓滿的道路。

這兩個選擇或所有選擇都會走向圓滿，道路的最終點是同一地點。唯一不同的是：在個人的意願與修習功力中，選擇一條更適合自己現階段頻率、更能上手的道路。

你們如何為自己做選擇？

通常我們提到順著生命之流，往往是指對生命帶著臣服與信任，不逃避也不輕易轉身離去；遇到了道路上讓你們怦然心動的人、事、物，不刻意豎起高牆，也不過多自我限制。但這準則是在於：個人對這新鮮事，所能盡責的與真心的多寡做決定。

例如，我剛從大學畢業，有兩個工作單位提供了我選擇的機會，一個是我父母認同的，一個是較接近我大學科系，較適任的；但兩個都不在我個人熱情當中，我想要的是另一種工作的可能性。

以此例來說，我想大多數生活在亞洲的朋友，會在一與二擇其一吧？但若以生命順流的態度去介入選擇，你們違背內心的熱情，讓自己順著外在的便利而做選擇時，我會鼓勵你們：安靜下來，如果生命之流一直頻頻敲著心內那扇窗，那渴望已在你的內心蓄集已久。生命之流匯集在妳的心中，那你會選擇順著流，還是順著外境的流，選擇便利的人生呢？

當然，諸多的考量，也許你會先選擇接近你的科系專業，讓自己在社會活動中一探究竟，以增長知識的心態去學習，暫且將自己內心的熱情延緩，這也是一種很好的選擇。

在行動中，為自己做出最符合並且靠近個人的選擇，這些都是順流的一種。總而言之，所有的選擇都在更大的整體中早已存在，也正在發生；順著自己心意，會更靠近生命要帶給你現階段最適合的流。

可以再舉一例。如果妳遇到了一位男性，妳深深地愛著他，但他已經有婚姻的約定，雖然他希望可以解除婚約與妳共伴一生，但種種的因素導致這方向並無法履行。請問你會如何抉擇呢？

如果這樣三角的關係，妳很自在並且從容，也尊重他們彼此的婚姻生活，最理想的狀態是：這位先生也對妻子開誠布公，表示自己的內心世界有另一個可能性，三方都在認可的方式進行著。那麼，維持妳的現狀。

相反的，如果現狀讓妳十分煎熬與痛苦，對方也無法履約……請順著自己的心意。

請特別留意，心意不是順著痛苦或煎熬，委曲求全或一哭二鬧三上吊；而是將情緒面先擺一旁，釐清自己的心，如何的狀態會讓自己更喜悅？

我們如果無法改變外在因素，內心也做了調整，但是現狀還是辛苦的話，請回到內心，也許妳會聽到自己的心意說：「我深愛著他，也期待將來有機會用更明朗的方式相處，但是現階段，我想好好照顧自己，並且活出更大的喜悅……」

有時候剛開始順著心意行動時，會有許多的傷痛伴隨，但是妳要很清楚地知道：自己是生命的主人，將力量或喜悅交給另一個人，本來就是不在生命的順流之中。因為，幸福的狀態，妳才是最佳的建築師。

嘗試選擇，並行動妳的真正心意！

⊙學會尊重生命、表達敬意

志同道合的朋友們：人類最迫切需要的靈性服務，是先教會你們地球的同伴們，學會尊重生命、表達敬意。

每一天，我們都有許多時刻，因為小我的任性、粗糙的人格，對生命缺乏真誠的尊重。「敬意」是最基本靈性服務中該呈現的品質，任何傲慢與執著，都是靈性服務中最狹隘與無法成就的主因。

當你眼前看出去是，評斷別人是否在你個人的標準中，甚至對他人修行功力妄加檢視，你已經遠離了靈性服務的道路了。

冥王星中，偶而會有想優越於他人的群體，想脫離現有頻率，往他們認定的更高狀態邁進。在冥王星的立即能量法則中，會自然讓這些群體進入另一個較低頻率空間，優越於是產生，法則滿足了他們的需求，但也降低了他們原本的振動頻率。

在地球，「優越感」與「傲慢」有時很難辨識，甚至連自己都不易察覺。地球沒有讓能量能夠立即性平衡的法則，所有都受限於空間與時間中，業力是要在另一時間才進行顯化的。

所以人類已經習慣姑息養奸，讓自己的學習也是慢慢前進，頭腦屏障了所有可能性。

頭腦告訴自己：會這樣反應，是因為對方先以高姿態對待我，所以我必須長出「自我價值」回應對方。這段話是非常靈性用語的，但我們放下頭腦認知，來一起覺察這屬不屬於傲慢與優越感？

第一：請問你對此人有發自內心的敬意嗎？還是覺得他糟透了，不可愛？

敬意來自於明白。有些人格的碰撞是當下無法穿越的，但很深的內心明白，彼此都在學習過程，我尊重對方與自己的所有情緒，這份敬意會讓自我傲慢融化。

第二：我會深怕對方的舉動或行為影響自己的權益，或對方的犯錯會使自己名譽深受影響？

我們可以因為理念不同而不產生合作行為，但是我們要清理的是：害怕對方的作為害了自己。

對生命的敬意，這時的展現會是：我尊重對方和我的不同，我遵照自己內心的旨意，選擇是否合作，但同時祝福對方也能一帆風順。

所有的過程都會需要時間，但請加深個人意願。如果要完好的提供靈性服務，請學習尊重生命，展現敬意。

學習「用靈魂的力量」

Asha： 阿斯卡土，祢面對我們人類時，會害怕我們排拒祢或不接納嗎？我們認知中的神是廣大無邊，想必祢也是吧？

阿斯卡土： 我介意……我介意的是跟人類對話，或者說跟Asha對話時，我要調整頻率，讓妳的腦與心可以明白與接收到，並且還要透過妳的文字資料庫，共同找出最適合的表達方式。

⊙跳脫情緒的屏障

也許我們之間，感情部分不存在著排斥或不接納；但理性與頻率層面，其實天差地遠。我也用了好長一段時間，才能真的與妳產生文中的所有對話。

人類與外星世界在天生架構差異中，就已經互相排斥了。所以，在人類的世界中，能與我們對話的是極少數。我們與這些少數人頻繁地接觸時，也有限於每個管道肉身可承載的能量，而在傳遞訊息上也會有局限。

Asha：

祢們知道有限，但是為何需要這麼頻繁接觸，並且讓人類聽見呢？

阿斯卡土：

宇宙的和諧本來就是大家合力完成，人類如果可以更遠觀並且有能力跳脫身體上的屏障，一個人跳脫一丁點，無數人加起來就一大點，地球就會在宇宙中逐漸進化成為更開發的星球。

Asha：

跳脫身體屏障，祢指的是情緒？

阿斯卡土：

情緒跳脫是很基本的啊！我想人類真正需要學習的是「用靈魂的力量」，就是眉心間的視覺器官，妳正在接收訊息的工具！

Asha：

祢是指通靈？接訊息？祢剛不是說，這樣的人是少數，表示祢們努力過，都沒真正成功啊？

阿斯卡土：

因為大部分的人類都忙於生活瑣事與受困於煩惱，神在地球扮演的就是個救贖的角色，你們太過於把自己放在受助者的角色了。

人類似乎不知，自己的身體裡面就真的住著一尊超大的佛、超大的天使、超明亮的光球，祂們有巨細靡遺關於個人的生命資料，從裡面找，就會活得輕鬆自在。到裡面後，就要靠眉心的視覺器官去顯化，投射於人世間，創造最真實的自己。

我舉例，剛妳接到的那通電話，她有感情上的大困擾，已經在瀕臨崩潰的狀態，傷害的能量占據了她的心。妳使用了視覺器官進入她內在的佛性，妳得到了資料庫中的訊息如下：

「在這段崎嶇的感情中，她最終會學習到，接受對方對她誠摯的愛，即使表面上，對方用了許多不恰當的方式令她受傷。她如果決定放下，往前邁進，也要收下這份愛並且信任，才足以釋懷，這關係才會在順流中走出它最好的狀態。」

⊙連結內在神性與靈視力

Asha：

我感覺短時間她無法真的明白這段訊息，因為都還在經驗傷痛。回到剛才的話題，如果她有靈視力，也從內在神性當中得到洞見，那會有什麼樣的幫助呢？

阿斯卡土：

會發生直接性的自我療癒。過程始終會有，但時間大大縮短，並且在修行的過程中，已將傷痛轉化成同一股能量：深入的愛。所以妳能明白我現在說，靈視力扮演著相當重要的角色。

CD高靈：

我們在與Asha合作的道路上，靈視力在過去被人類誤用，變成了使用操控他人的工具，或過度權力彰顯。

許多人想要擁有靈視力，不乏都是為了自我保護或免於恐懼，它跟剛才說的受助者是一樣的能量狀態。所以，靈視力在人類的欲望中穿梭著，並且走不出它真正的價值。

阿斯卡土：

完全正確。靈視力被過度使用在預測未來、趨吉避凶，或者仍然在業力因果關係中，呈現它最限制的價值。

生命沒有時間與空間的限制，當我們進入自己的生命藍圖時，有可能因為個人見解的局限，而將訊息窄化，並且製造更多的恐慌，產生控制的欲望。這些都不在療癒的本質之中。

連結內在神性與靈視力，會提供人類更大的空間，將強大的內在力量引領出來，產生自我療癒的循環系統；並且眉心輪的視覺器官，會為靈魂的願景領航，重新對焦並且顯化。

所以回到剛才妳為那女子的傳訊中，高靈們已透過妳，將她內在力量引領出來，也將能量轉化成文字，讓她頭腦可以接收，接下來就看她為自己下的功夫了。如：穿越種種情感上受傷的部分，並且全然接受，明瞭靈魂的意願，且感恩對方的出現。當中我們會領受到靈魂相遇真正的愛意，傷痛於是會逐漸轉化並且釋放。

Asha：

我想她在個人的部分，應該暫時不想聽到靈魂大層面的愛，她應該更想聽到：對方深深愛著她，只是無能為力處理好現狀？人類的小我需要被慰藉的……

阿斯卡土：

有喔，訊息之所以會告訴她「信任這份愛」，是因為對方的確在愛情的能量上，是全心全意提供給這位女子的；但是對方的人格有脆弱與無法釋懷的傷痛，讓整個故事複雜了，所以許多事情都看不清了。

如果對方愛的是另一個人，訊息會這樣告訴她：「感情中有累世的印記，妳們之間曾經是家人，此生故事中，要教會她學習愛自己，並且放下不適合的關係……」

內在的神性會很有智慧地，指引故事與可以協助釋放的方向，帶出的能量比妳們想像的更有療癒力，即使訊息為了讓當事人當下能明白而縮小廣度與深度。

⊙開啟直覺力，與內在神性連結

Asha：

每個人都有足夠能力連結內在神性並且開啟直覺力嗎？

阿斯卡土：

每個人最本質的自己與靈魂的力量緊密連結，隨著地球物質部分的蓬勃發展，人們更需要、也驚覺回到內在的重要性。

Asha因為天生的敏感體質，觸碰到靈魂的力量與連結大我的意志，是清晰與容易的。妳的身體氣場開放性大，個人頭腦主觀性不強之外，因為敏感，在人群中容易受外界影響，而引發各種身心的不適。對妳而言，平衡自己與外界最好的方式，是往內茁壯自己的內在力量。

但是大部分的人，當習慣於每日的生活，每天過度使用頭腦，接受外在感官的刺激，久而久之，身體與頭腦成了與外界溝通的兩個管道，心的使用頻率大幅降低；或者將情緒的發洩誤以為是心的抒發。久了，整個集體環境缺少了靈魂的滋養，更多是頭腦與心受傷的印記，重重交疊於我們的生活環境。

另外，現實層面污染的問題、生活品質的壓力，都造成了我們與靈魂本質更遠、更陌生。

Asha：

我們除了靜心、運動之外，有沒有阿斯卡土星球專有的，開啟直覺力、與內在神性連結的方式呢？

阿斯卡土：

當然有，妳要可是一籮筐喔！只不過，大多數亞洲相信靈魂存在的朋友，似乎蠻熱衷於請大師們幫忙打開第三眼。對我們而言，每個人類身體即有自我開啟的機制。

松果體在腦的中間部位，心連結靈魂，肚子臍輪往身體的中空中心點。這三個部位分別是：直覺腦、心、介於身體與靈魂的連結力。

最下方的臍輪中心點，可看得出靈魂與個人的連結緊密度，可觀察出此人是否有足夠在世俗的顯化能力。心輪在身體中空中心點的部分，可以觀察這個人讓靈魂帶領的程度深淺。松果體則是直覺的開發區，也可以從這部位看出，這個人接收訊息能力的靈敏度。

5

來自外星的祝福

地球願景

冥王星不存在著拯救冥王星的概念，因為整體都在同一頻率。

冥王星還有空間可以提升至更高頻率。當我們跟地球連接時，產生了一種能量效應，強化人類隱藏的陰暗面，同時也激活了人類正向光明的部分。

如果你們正在拿著這本書閱讀，你們是否有感覺到，體內有種複雜的狀態正在被強化？這些陰暗面一直都存在每個人的身體記憶，那是宇宙賦予人一體兩面的力量——光明與黑暗。

黑暗可以不被看見，只要強化人頭腦光明機制，凡事只想光明面；但黑暗越不被看見，就有可能在極小的事件中產生非常大的傷害。有力量的人通常是可駕馭兩股勢能的。

當你們閱讀本書時，你們已經準備好面對自己不願面對的部分，這部分因為我們的存在而容易察覺；相同的，被激活的光明面，便會提高振動頻率，讓此趟療癒旅程完美無缺地前進著。

只要是跟愛相關的學習，內在心境要整合過程，是非常不容易的。你們都很了不起，選擇了看見真實本質的自己。只要相信會穿越並提升，宇宙絕對會無條件全力持著。

⊙為地球創造更流動的將來

二〇一二年之後，許多靈魂改變了方向，共同投入「為地球創造更流動的將來」做準備。

靈魂是怎麼決定改變原本立下的決定，而往提升地球方向前進呢？

每個星球都會同步在更大的宇宙規律中運行著。

地球同時存在著時間與空間，也同時存在著身體；身體這載體存在於地球中，有許多變化因素是會引動載體的狀態的。也就是說，二〇一二年後，許多人面臨了身體健康的困境。

身體健康並不完全會記載在靈魂藍圖之中，除非是極其明顯、跟業力相關的疾病會容易顯示出以外，身體是全權由主人照顧與看待的。當然有些人的習性和個性能在藍圖裡解讀出，並可看出他們對待身體的模式會引發的狀態。除此之外，嚴重的空間汙染與各種環境的破壞，已經是地球現在面臨的大危機。

讓身體健康，有三大因素是人可掌握的：

1、與內在的寧靜、喜悅共處。

2、選擇無汙染的食物、水、空氣、各種與皮膚接觸的產品。

3、能規律運動並且有靜心的習慣，這兩者皆能釋放身體毒素。

⊙高靈們帶給人的祝福

高靈們帶給人的祝福包含這些部分：

一、釋放情緒：療癒性的能量祝福，提供給大家可以將情緒毒素轉化並釋放，讓各種關係都能從緊張的業力關係逐次轉化。

二、重整身體記憶，維持健康：宇宙能量療癒中，蘊含著非常珍貴的力量，進入身體細胞中改變排序，使身體產生「選擇最適合自己的食物」的機制，改變過往負向的飲食習慣。

三、親近不受汙染的大自然與空氣：接受過清理與療癒的身體，會自然喜歡親近大自然，喜歡處於空氣乾淨的環境，也自然不會選擇有害物質製造身體負擔。

四、靜心是最大的幫助：透過靜心，我們可以完整地調整身心靈。能量在體內循環也會形成一保護機制，讓身體排斥的毒性物質可以有自動排出的空間。靜心可使舊有與非健康性的毒素，透過自身細胞正向化的同時，被釋放於外。每日早晚持續性的靜心，對健康是有直接幫助的。

二〇一二年後約三十年的時間，整個地球願景就是在平衡人與環境間的相處模式，所有可以幫助地球環境保護的資料，會一一顯化在世界，並且在宇宙規律中展現他們的重要性。

地球也會逐漸有許多新能源，取代舊有耗費的能源。這些更先進的方式，在宇宙的資料庫中早已詳細記載著，敬請各位帶著正向的心迎接著。

關於每個人對地球的職責，「照顧好身體健康」才能對意識提升有實質的幫助；意識提升的同時，載體健康便是對地球最大的幫助。

來自冥王星的祝福

⊙地球跟冥王星的關係

問：
地球跟冥王星是盟友還是被監督關係呢？

答：
地球與冥王星既非盟友也非監督關係，我們會透過 Asha 傳遞此訊息，已經醞釀了三年。最初是在雪士達地區，我們彼此頻率相交疊而匯集在一起，當時是由阿古達（冥王洞存有）代為傳訊。隨著時間，Asha 才逐漸適應有我們的存在。

三年前我們開始的時期，用非常少量的能量波試圖和 Asha 聯繫，非常微量的，從傳遞一個字，到三年後可以將訊息下載書寫成書。期間為了接受很好的連結訓練，還邀請名主持人共同主持「靈魂之愛」系列講座。那八場，真的是激活了台上這兩位平日無察覺的陰暗面，也強化了他們最高靈魂意願。這是個完整並且嚴謹之下的訓練過程。

在這本書中，冥王星與白長老團隊有共同的願景：注入大量的冥王星能量，協助各位朋友，把深藏於無意識的陰暗面釋放並轉化，並且與白長老共同融合了一股非常優雅的療癒力量，能平衡被觸發的情緒陰暗面。大家會在可控制的範圍下進行蛻變，從容並且有效的。

每一個閱讀的文字裡，能量已進入各位的身心靈。

通常療癒能量進入身體，人會些微感到疲憊或嗜睡，心情會被引動，也許會有三至五天情緒波動，悲觀、哭泣或傷痛，也許會感到憤怒。睡夢中，靈魂傷口也會逐漸修復；若依照書中的靜心實際操作，都會加速靈魂部分的修復。

整個過程約十到十五天，許多東西就會進入新狀態。

這是一本來自於冥王星的祝福書。我們既非盟友也非監督關係，我們是各位的選修課中的一部曲。希望各位可以遙望星空時，記得我們曾相遇，說情、談愛。

⊙誰來自冥王星？

問：

地球上有冥王星外星人轉世的嗎？

答：

有，少量。地球不是冥王星的首選，會選擇投胎生活在地球的，大多是被你們人類愛情故事吸引而來的。若不是這三年在台灣透過 Asha 看到真實情況，對我們來說，七情六欲、愛恨情仇、纏綿悱惻是非常陌生，並且無法理解的。

在冥王星，愛是沒有任何屏障，一覽無遺；但是人類要層層穿透，才能偶而感覺到愛。恆定的愛在地球很稀少，頭腦一個想法，身體一個想法，心裡不少想法；最麻煩的是，兩個相愛的人站在一起，明明能量場都緊密相連，但還是在吵架，最常聽到的台詞是「你根本不愛我」，然後就痛徹心扉、日夜不成眠，彷彿哭泣很療癒人心！

冥王星投胎轉世來地球的，性格都很浪漫也多情，有看透對方的本領；他們非常懂對方所需要的，也願意無條件提供，他們帶著滿足人類愛情的目的而來。

但有時因為冥王星的本質，會讓身邊的情人感覺，他們是很抽離、不親近於兩人世界的。因為，冥王星存有變成地球人的內心世界，只有一個單純的想法：愛是很簡單的，就是全然的給予，但沒有接受的渴望。當他們的情人若不明白，會感到孤單喔。

他們為了愛情降生於人世間，而不是遊戲人間、流連於愛情，他們是有生命任務的。

他們可以聚集群體團結合作的力量，也可以促進家族間的凝聚力。他們可把世界大同的願景貫注於地球，將大地下每個人的根脈妥善串聯在一起，他們就是我們之前提的和平種子使者之一。他們是靈魂之愛的化身，稀有並且珍貴。

如果你們發現周遭之人有這樣的性格，額頭略高並光滑，頭髮量偏少，在兩手掌中有顆黑痣的朋友，有很高的機率，他們是冥王星存有轉世的，千萬別被他優雅神祕的風采吸引喔！

來自天王星的祝福

又是一個書寫此書的驚喜！**Asha** 再度於不知情的情況進入另一個時空。

為了使整篇訊息場沒有過多知識層面的滲入，請讓管道保持中立，可確保訊息的準確度。

⊙靈魂影響了你個人的自由意志

我來自於天王星，在六年前已可以穿梭於地球時空，透過不同的通靈管道，為各位進行「生命藍圖的重新建造」。

藍圖在宇宙是個投胎前的生命契約，靈魂要非常清晰自己成為地球人前的生命規劃。

生命規劃的細節大約有百分之三十是固定並完全無法改寫的，這跟整個靈魂進化有關係。靈魂在業力作用下，自願選擇再度進入曾經經歷過的課題。

此外，其餘百分之七十，部分是以業力基準而擴展想經驗的。如：此生我想平衡與母親的關係，當完成了必要的學習，在這與母親的關係中，希望「有可能」延伸至我與孩子的延續學習。所以在這藍圖安排裡，想擴展母親課題學習的意願，會成為你到地球再選擇的可能性之一。

百分之七十裡面，還有部分是自由意志的創造空間。自由意志絕大部分還是在靈魂的願景中驅使完成，簡單跟大家舉例如下：

假設一個人在人生藍圖中，工作部分會非常成功，藍圖會記載工作的特質，如：與人共同生命成長的任務、和文字相關、極細緻感知生命的敏感度……但藍圖不會直接寫上什麼職務，只是會概括的紀載，某些方面會有成功能量伴隨著。當這個人成長過程中，會因自己開放的程度，接觸到跟這本質相關的工作，自由意志就扮演很重要的角色，也是藍圖最值得開創並揮灑的空間。

如果生命成長是你個人的生命目標，不斷地學習聆聽心的聲音，將生命業力的學習，透過自身內修，時時蛻變與轉化；靈魂與個人連結緊密時，以靈魂的高度，會進入自由意志創造空間，讓整體在地球生活的創造之流中，發揮靈魂的最高價值。

靈魂的自由意志對於個人喜好來說，絕對是正向並且會帶來喜悅的。即使在過程中有些轉變來得措手不及，但終究會朝向愛與超越自我的創造力中，深受宇宙的祝福。

⊙重新改造生命藍圖

人絕對不是完成百分之三十的生命功課後，再進入自由創造空間的。

如果你願意讓自己放開一些空間，敞開於未知的恐懼，勇氣與信任是進入這百分之七十不可或缺的生命力量。

你們太習慣將自己囚禁於百分之三十的苦情中，而不相信還有更大的空間，正微笑地等待著你們。

你或許會問，為何百分之三十一定是苦情呢？

請問，有誰對非做不可的功課、非遇到不可的人，能毫無記憶而平靜如昔呢？

業力的學習一定是光明與黑暗同時存在的，如果前世已經圓滿，彼此充滿著愛，關係不會再度出現的。

天王星的能量，有最顯著的兩股力量：

一、**超越困難的勇氣**。如果你認為你不可能做到，你拒絕了靈魂的引領，也就拒絕了跳脫業力的所有權。

二、**重新改寫你的人生藍圖**。在必修課的學習中發揮最大可能性，讓自己玩得更開心。

⊙高靈訊息是跟自己內在相關而引動了整體的回應

我們正式進入主題。

這是來自於天王星的訊息，我──阿斯卡土，光的八次元，持有力量杵仗與執行生命轉化令牌，來到地球已有六年。

執行任務中，以光次元的教導，引領各位進入地球業力法則，將難以超越的重重障礙剝絲抽繭，置出一個更大空間；並且將靈魂自由創造空間的部分放置進業力區，使生命變得有趣，並且充滿信心與力量。

如果你真的已經厭倦過往持續重複的困境與恐懼，也常常用力告訴自己，再也不會發生一樣的情緒時，是否常常因為情境而毫無抵抗能力，依舊如往昔一般無力掙脫呢？

我們是時候敞開給地球以外的力量「重新注入新思惟」與「體驗更高意識」的階段了。

Asha：

關於這些非傳統宗教，來自於外星或高靈空間，對很多人來說是陌生的，因為在已有既定的記憶中，往外找與接受外力，似乎不在修行的認知之中。請問您認為，外力介入是可行與必要的嗎？

阿斯卡士：

如果有天你自己靜心，得到了以上我論述的「靈感」，就不稱為外力的意思嗎？來自於你自己獲得的宇宙智慧，是屬於內在修行，而來自於外來的高靈訊息是外求？

我們一個個討論。

Asha，首先妳沒有外求，因為，所有的發生是因應靈魂的意願而發生的。

以我看到的，妳對外星世界不大感興趣，因為妳有部分如此守舊。

當我看到妳有這樣的思想時，我多麼想擁妳入懷告訴妳：孩子，妳，一個小小的身體，在宇宙之中真的幾乎不存在，妳的思想也只是一縷輕煙，宇宙卻可以將龐大的訊息場透過妳分享給更多人。妳認為，是妳之外的訊息場？還是宇宙中的妳進入了訊息場呢？

妳永遠在整體之內，毫無疑問的。

外求是指人格面不安於現狀，對自己不滿意，想逃避個人功課、找捷徑，他想藉由外來的拿掉痛苦，他不認為這功課跟自己相關。

內求是經過試煉與不斷內在省思，靈魂到一個階段，會去尋找更能提升的可能性，那就是我剛才提到的百分之七十的範疇。

妳永遠在整體之內，因為妳良善與真誠的學習，使自己再更深入整體，於是宇宙場回應了妳。

Asha：

謝謝回應，很感動。只要跟自己內在相關，引動了整體的回應，就不是外求。

我會敞開接受的。

進入個人的業力場

往往最難穿越、非常困擾的，除了時間可以撫平傷痛外，進入裡面的業力圈，也是相當有助益的。

⊙怎麼活出自己、愛自己？

個案A：

為何我常會覺得，自己付出再多，對方都會放棄我？不時被劈腿或欺騙的感覺很令人心碎，到底靈魂要我學習什麼？現階段的我覺得自己太痛苦，以至於不敢再碰情感。到底是什麼原因，我常常被放棄呢？

阿斯卡土：

當你說你覺得自己付出很多的時候，背後是否有更大的、期待對方也要同等回應的抱怨或憤怒呢？如果是，請清楚地看到，你的付出裡面，是否一直是壓縮自己、為了滿足別人呢？

通常一個人很認分地守在一個角色與位子中，以滿足他人為第一優先，以愛的名義希望得到同等的回報，這往往不會如你所願的。因為你沒有活出有力量的自己，你沒有在自己與生命的空間中活出本然遊樂的心，你的愛是有包袱的。

當然，愛你的人，時間一久便會感到束縛。束縛是你們關係的課題。束縛來自於，你很深的內在中，有這樣的課題學習。

當你走到我眼前，你的身體行動告訴了我，你缺乏愛自己的勇氣，所以你以愛他人為理由，迴避了自己，你的身體姿態是束縛的……

個案A：

太痛苦了，是個無力掙脫、地獄的循環。我是個身材不佳、外表沒有對方好的人。雖然朋友很多，但我很愛面子，不太願意告訴別人自己的問題，我要強在很多層面。我是公司的主管，每天做的工作其實已經毫無吸引力，只是不斷地執行與完成。我知道自己沒有活出自己。可以告訴我，怎麼活出自己，並有能力愛自己呢？

阿斯卡土：我們一起來進入這個沉重的業力循環中，好嗎？

進入業力場，使混亂歸序

找個可以讓你放鬆安靜的空間，將兩手掌心向上放於膝蓋上方，以坐姿開始這療癒技巧。集中意念，聆聽以下的引導：

請覆述以下內容：

1 請啟動我靈魂個人學習的業力場。

2 祈請至高至善的宇宙力量，保護我所在的空間，聚焦在我愛情關係課題的業力場中。

3 對於自己所創造出來的情感業力，我願生生世世以靈魂至善的準則，活出個人之本分，淨化自身，走向靈魂的最高意圖。

4 O bu da sha，no ko nu yi。請重複默唸九次。意旨允許我進入靈魂業力場中，並且與阿斯卡土連結。請各位隨時保持放空與放鬆的狀態，允許業力能量場進入你所在空間。

5 這時你會開始感覺到，自己和所在的空間能量逐漸變化，會出現在你的感受中的，是很正向、是你藍圖記載朝向的方向。請記得，不去找感覺，而是讓感覺充滿並出現。

（以A個案為例，她感受到的業力能量，是引導朝向「活出自己」並且「學習放手」的方向為主。）

6 接著，我們要將這正向的靈魂意圖，注入你的業力場中。

7 現在需要妳想像，所要療癒的關係對象站在妳前方。並且將剛才的靈魂意圖注入在妳們之間，讓這關係的療癒開始啟動。

（A個案在對方出現後，開始注入一種靈魂意圖，讓彼此在這被拋棄的困境中，可以更深入明白靈魂的約定。她是藉由這位男性出現，學習活出自己、愛自己。）

8 如果這個練習，由一位感知能力強的對象與你們共同完成，同步跟你接收，並且將他感覺到的與你分享，可以更完整整個療癒場。

9 最後，當靈魂意圖注入至業力場，釋出空間後，這療癒力量會持續約二、三十天；直到妳感覺有些相同的負面感覺再度出現時，請再進行相同的療癒靜心。

這是需要幾次的反覆練習與清理，遵循個人想像的功夫有多深而論；每次開啟的療癒場，也能跟你所需要的主題做調整。

⊙高次元乘願投入較低頻率空間協助平衡

Asha：請問地球業力場是遵循何種準則開始的？人類一開始就帶著某些業力誕生嗎？

阿斯卡土：

除了地球之外，還有一些其他的星球也有業力存在。如果在光的次元，就不再是以小我與大我的方式進行學習，是沒有業力存在的。

會選擇來到地球學習的人類，已經有與光世界連結的高意識，也有經過其他地方延續而來的業力學習。

在地球，是個提升低意識與通往高意識的橋樑；在某些業力比重更強的空間，如百分之百業力比重，也是存在的。經過整個演化意識蛻變的過程，地球已經與光的世界相當靠近了。

Asha：

如果一切都是自我意願選擇，為何有生物（或生命）願意去百分之百業力場的空間呢？

阿斯卡土：

當然願意，如同你為何會選擇吃很辣的食物，即使你知道你的身體事後會有不舒服的反應？

Asha：

我沒辦法吃很辣，通常是挑錯，或廚師搞錯了！他們是沒搞懂挑錯？

阿斯卡土：

你已經回答了問題。廚師以他選擇辣的輕重去調配你要的食物，你以你想要維持的舒適度為基準，但是「你的標準」和「你的靈魂選擇的標準」不在同一基準上，靈魂以慈悲之愛為準則，選擇他們所要經驗之處。

Asha：

明白。那請問，什麼樣的靈魂會選擇百分之百的業力場學習？

阿斯卡土：

從高次元（比你想像更高的光世界）乘願去平衡「在宇宙場開始有生物或生命存在」的狀態。

原本宇宙是一體的，在好幾億年前，當時的宇宙突發了幾次大爆炸，每一次爆炸，如同高空中撒下了一瓶墨水至宇宙動力空間，黑與白就這樣很自然的形成了。

白色自然分化出各種色彩與樣貌，黑色也同時存在著深淺，是一種自然呈現的狀態，如同水墨畫一觸至棉宣紙時，深淺濃厚都會自然形成。於是有了低頻與高頻的產生。

隨著頻率的不同，生命開始從每個空間誕生出來，所以他們的誕生，是進入所在的空間已有的業力場，而開始他們的故事。

Asha：

懂了，我們出生在什麼樣的家庭裡，早在胚胎開始時，已有他既定的傳承業力，在別的星球也是如此。

剛剛提到，是很高次元光的存在，會選擇投入較低頻率空間協助平衡？

阿斯卡土：

是的，那是在強烈震盪爆炸後，我們開始的宇宙任務。為了使合一再次顯現，我們都乘願將力量帶至每個需要提升意識的空間。

⊙平衡準則

Asha：

你去過比地球更艱困的地方嗎？跟地球有何不同？

阿斯卡土：

地球有趣很多，真的是個非常美麗的空間！我很享受這六年在地球的日子，生命中的愛可以透過行為表現出來，可以透過愛地球、愛生命而呈現，那是不同於其他空間的。

地球現狀並沒有你們想的如此糟糕：一個地區為了爭取自由暴動，它還是在平衡準則之中；大火將許多珍貴資源燒毀，也都還在平衡之中。

Asha：

等等，前幾天冥王星的存有還再提宇宙計畫，特別提醒，要平衡大自然與地球的關係；也提到，我們的健康是現在要特別警覺的部分。你覺得這些都在平衡準則之中？

阿斯卡土：

我指的平衡準則，不是指你們不需要做任何改變。這些狀況會發生，早在人類與地球的業力場中就有記載；外星人加入許多的協助，就是希望地球有發揮百分之七十的自由意志，讓地球靈魂可以朝更合一的方向前進，創造地球靈魂的最高意圖。地球已在「揚升至第五次元」並且「仍保有物質界」的路上。

從二〇一二年以後的三十年左右，保護環境與身體健康是重要的兩大方向；

有更多人類加入，支持這還在行進的業力空間。

CD高靈：

天王星與冥王星是引動人生命陰暗面的兩顆力量之星。祂們透過文字，將能量直接進入各位的身體記憶中，許多跟個人相關、無意識的部分都會顯露，能輕易被覺察，對想深入修行的朋友們，會是認識自我的很好機會。

如果是身心敏感、容易吸附他人負面情緒的朋友，當這兩顆星在你生命中共振，產生了變化，那潛藏在你無意識中，缺乏自信與力量的部分，會跳出來讓你明白：

如果你是力量的化身，任何他人需要被轉化的負面能量，就會因為你而變得更好。

如果你軟弱迴避、害怕他人奪取你的能量，記得，把恐懼的念頭立即釋放，回到中心，也就是中軸線，深呼吸。

隨著你的力量越強大，你從自身發展出自我保護的力量，就會越深厚。直到你明白，你天生優越的敏感體質，是宇宙中賦予你幫助人類最好的天賦。

深呼吸，無所畏懼地站在那裡。只要恐懼能量過度侵犯你，練習恐懼時讓自己回歸內在中心，啟動與宇宙的保護場；能量場一啟動，你就已經在支持他人了。

放掉因為自我軟弱而想討好或證明自我價值的部分，好好住在自己獨樹一幟、充滿力量的身體之中。你已朝活出自己的路上顯化了。

CD 高靈與天王星阿斯卡土的對話

CD 高靈：

我從 Asha 出生，就已經在她身邊，以保護者的角色陪伴並指導她，朝向成為一位通淨的傳訊管道，從她出生就在完整的訓練與教導中，匍匐前進。對於能接收宇宙訊息或有能力解讀他人能量場的朋友，祢有什麼建議呢？

⊙由靈魂或神聖層面去顯化

阿斯卡土：

協助並啟動他們的療癒力量。

祢們相當清楚，一個有天賦的通靈人，在訓練的過程中，除了與無形世界溝通外，與人溝通也是他們很重要的學習功課。

在地球意識當中，對有這天賦的朋友們，還是有許多評斷與歧見。通靈朋友一部分被投射成神聖的代表，所以只要與神聖相關的所有行為，都需要符合他們的期待；相反的，通靈朋友們也被投射成怪力亂神、欺騙與作亂等負面行為。

正反的投射或期待，並不需要通靈人去證明或試圖為自己辯解。在這與地球的學習業力中，這部分的現象，是要協助通靈人，更深地從自己內在裡，去找到自己在地球中所屬的位子。

位子不是強奪或用力去爭取的，是從內在一種很深的洞見中知道，屬於光世界的力量是一種靈魂間的對話，一種神性交流的品質。

放掉自我人格的各種不適與情緒，將自身力量，由靈魂或神聖層面去顯化，而非從人格或名利層面去證明時，通靈人的訊息場，才能真正落實到物質界的顯化，成為有影響力的訊息管道。

⊙「靜心」是通往更清晰訊息場的不二法門

CD 高靈：

靈性世界的各種訊息，如外星訊息、菩薩界、天使界、光之存有，要能著實無誤地傳遞給通靈管道，我們會遇到一種瓶頸，也是光之存有與人溝通的屏障。祢願意分享這部分嗎？

阿斯卡土：

人，左腦扮演很重要的角色，與他人溝通、社會活動、知識交流等，都是地球的常態活動，所有行為都是在這建構的基準下，很正常並且頻繁地發生。

通靈並不是人間的常態，至少一百年內，通靈人在地球總人口數還是占少數比例的。

為了要在靈界與人類活動中取得平衡，非常少數的通靈管道，能減緩左腦的蓬勃運作，讓自己小我的存在性減低。但有這樣意願的人並不多。

人的右腦天生便有「與無形世界溝通」的感知力，有些人天生就已經具有「與無形世界連結」的能力。

這些人要適應地球生活與超越他人的眼光，右腦感知某些訊息場，左腦恐懼不被接受；或相反地，接收到的訊息成為滿足自我的工具。這些情況，也讓訊息場無法在人與靈魂、高靈、光世界流動著。

CD 高靈：

如何讓左腦和右腦可以平衡地同步運作？

阿斯卡土：

通靈時，右腦會強過於左腦活動，但通靈人勢必會回到日常生活、社群活動。能力強的通靈人，絕對會有個退化些的左腦，如知識層面的記憶、邏輯……等，但是因為右腦是直覺與靈感的重要器官，當必要的記憶被忽略時，靈感區會自動提醒，並使其在生活中能取得平衡。

CD 高靈：

當然是如此沒錯！我們是會提醒 Asha 該記起的事情。

阿斯卡土：

人類若能培養與自己獨處和安靜的能力，便能與更大的宇宙本體產生非常有力量的創造空間。

每個選擇都會是在一整體中平衡運作，對現今地球影響身體健康的失衡狀態，也能有靈感從中獨立出屬於自己的磁場空間，運用宇宙的力量維持身心平衡。而這些部分，唯有人能安靜與自己同在，才會發生的。

CD高靈：

對於天生有感知能力的通靈人，靜心也是通往更清晰訊息場的不二法門。

⊙如何選擇通靈管道？

我們是如何選擇通靈管道，成為物質界能量流通的媒介呢？有意願以服務他人為目的，有意願與神更緊密學習的人。

阿斯卡土：

通常是靈魂散發著強烈意圖，願意將自身的生命方向以這樣的形式發展的。但靈魂意圖有著這樣的意願，不表示通靈就勢必會發生。

前段說過，左腦若是主導位子高過右腦，靈魂意圖是無法很快速地在人的層面發生的，因為身體若可以成為訊息通道，左腦勢必會以次位者自居；左腦弱化了，身體的感知能力就會被開發，超越五感的能力才會顯現。

能夠非常順利地以通靈身分自居的人，身體敏感度開啟時，也需要有堅韌的個性，在各種嚴謹的訓練下，成為世間與靈界的完美橋樑。

⊙小我的活動會阻斷靈感流（訊息場）

CD高靈：

簡單舉例，當本書開始時，Asha在毫無想法的情況下，把接收到的訊息完整書寫出。冥王星接著天王星，都是我們給她的驚喜，事前完全沒透露的。

前幾天，靈感流暢又穩定，寫的每篇內容，大致上都是中立地看著；直到前幾天，她打破閉關的約定，跟朋友開始說起外星跟她的談話內容，她的小我起了以下的反應：

「這段落很棒，但其他段落似乎不夠有趣？」——好強＋沒自信的小我

「我怎樣才能讓更多人會喜歡這本書（也就是思考到賣書層面了……）」

——想受歡迎的小我

「書要受歡迎，也許我該蒐集人對外星人會好奇的問題。」——想滿足和討好他人的小我

於是，前兩天，她與靈感流和我們會頗有距離，她寫一段話比登天還難……

阿斯卡土： 哈哈！的確，小我過度活動，會阻斷靈感流。在靈感瀑布裡，身心是舒展享受，並充滿喜悅與自信的。靈感流來時，小我甚至無法評斷是好是壞，是人的頭腦會去分別出好壞對錯。

Asha： CD、阿斯卡土真的完全不介意有些內容離人的生活太遙遠嗎？我只是嘗試讓祢們更親民！

阿斯卡土： 完全不需要。因為我們知道，在更大的宇宙流裡，當妳和我們開始啟動這本書，療癒已經在地球發生了；既然已經發生了，人世間的顯化，就只是在於你們

的時間與空間中才存在。

CD高靈：

書要受歡迎或暢銷，是跟妳個人學習經驗有關。

接完訊息後，妳內在是否準備好，讓此書更能靠近人？妳是否有足夠自信吸引人？妳是否有意願和出版社討論出更完整的行銷計畫？妳想要參與幾場新書發表會……等，都跟妳相關。

我們把宇宙靈感流，透過妳在某個層面顯化了，接著就是妳個人的用心與行動了。接訊結束，妳也該鍛鍊自己的左腦了！

阿斯卡土：

Asha，妳知道這本書，會因為妳現在跟以往大不同，而創造出新生命。以前妳抗拒成為通靈人，自己跟高靈們決定用小說形式書寫，掩藏一些妳的恐懼。現在妳可以穩穩地站在那裡，接受並感到榮幸地成為妳自己，這是妳灌注在這本書的個人意願。

書寫時，許多跟妳相關的家人和親朋好友靈魂都會出現，妳清楚地知道，這些人成就了今日的妳。透過書寫，妳正在被宇宙療癒著……

書的生命跟妳內在有關，在物質界的顯化是妳個人的學習。在我看來，建議妳把行銷的責任交給身邊的朋友、家人、出版社，這會使整體都在一個偉大的療癒場中蛻變著！

關於二〇二〇年爆發新冠肺炎

Asha：

至今已約一年半，地球有九成九、幾乎全軍覆沒於新冠肺炎疫情的威脅。阿斯卡土願意與大家分享，在宇宙全觀中，地球正在經驗的災禍包含哪些意義呢？

⊙新冠病毒受制於「恐懼」

阿斯卡土：

災禍的本身有很重要意義要跟人類揭露。

新冠病毒如果離開地球經過大氣層後，會形成什麼樣貌？始終是病毒嗎？還是跟所有生物、細胞漂浮於宇宙之中，沒有太多作用，維持住它存在的原貌？

離開地球，它的名字是「漂浮微粒」；進入地球，它叫做危害人體的病毒。

新冠病毒受制於「恐懼」，恐懼掉入地球之後，無法回歸，它們拼命地與地球保持距離。

新冠病毒在地球外，其實是非常平和並且與世無爭的存在群聚體，因為地球在二〇一二年後，整體外圍十分擾動，要極力跟上宇宙蛻變的腳步，反而讓許多人類之間產生了更巨大的衝突。

宇宙有其整體的規律，與平行時空的宇宙間相互作用，任何還在蛻變中的星球，都會有這股引力在急速提升著。

地球在提升方面，準備得很拖拉。應該說，根本毫不知情的人類占總人口數的百分之六十，毫不知情的生物也約占百分之六十五；具備提高人類意識的大自然，從二〇一二年之後，已經從百分之八十五降為百分之五十。

北極與地球間通往宇宙的引力，是整個地球中最集中的重要樞紐，北極圈產生的各種變化，足以讓地球的保護層削弱並且晃動。

地球間有龐大且非常神祕、在地球蛻變的過程中扮演如冥王星的角色，將內在黑暗或阻饒地球進化的負向意識揭露；並且有如濕婆神般，掌握毀滅與重整的宇宙執行力量——它們是一群具有傳遞與執行的靈性動物，如蝙蝠、毒蜥蜴、毒蛇、毒蠍。在蟻的世界中有種生物，我們稱為毒蟻的也是其一，能吞噬地球中人類的憤怒與殘忍所殘留的氛圍。

蝙蝠飛行於空氣中，當群聚的牠們受制於地球欲振乏力、毫無進展時，牠們會開啟與外星溝通的靈眼，並且在雙翅之間，能招換來所有可以當機提醒還在沉睡的人類們的所有可能性：「我們已經無力在隱處為整個地球執行平衡與淨化的任務了，大規模的同伴已經喪生，人類的誤解與無知將我們大肆撲殺，視我們為各種病毒傳染源，宇宙地球序號 12119919，請示地球外圍提供支持。」

宇宙回應：「人類唯有發生災難並與他們息息相關時，才會有所警覺。在毀滅操執中，切記要接引這些死亡的生命到更高振動頻率，為更廣大的宇宙服務做好準備。」

⊙喚醒人類互助的本質

新冠病毒並不是自願產生於地球，相反地，因為地球北極樞紐處產生的削弱與晃動，導致原本平和存在於周圍的新冠病毒，無法與地球保持最佳距離，而進入地球，與靈性生物們共譜出這宇宙進化的大篇章。

人類要防得並不是這些生靈，更不是這些突然無預警發生、配合地球演出的新冠病毒，要能徹底因為這次經驗全觀學習的是：

宇宙在這次疫情的安排中，約莫地球時間十六個月，疫苗出現後，可以讓新冠病毒完成一部分任務且離開地球；但實情上，病毒只是扮演提醒的角色之一。

人類有著聰明的才智，要與病毒共存並不難；最難的是，在這次疫情中，人類的意圖始終維持在政治與權力世界的抵制與謾罵，而非靈性意義地摧毀與重建。

物質界的權責絕對有通道走向靈性，病毒產生的起源地國家，是否因為疏忽而有所覺醒，並且扮演護佑地球蒼生的宏願？還是始終停留在首領跋扈不羈的愚蠢認知中呢？大國家之間是否可以放下歧見，並且在維護地球整體生態中更具靈性觀點，以樸拙的心在職務上執行任務呢？

人類有著無比的聰明才智可以護佑地球整體的平衡，但卻縮小了視野，囚禁在權力與鬥爭，同時盲目地肆虐地球資源，只是為了創造財富？

此次宇宙淨化的計畫中有兩大目標：

第一，喚醒人類互助的本質。對地球萬物生靈，用更尊重的方式相互支持平衡。

人類要撲殺的不是蝙蝠，牠們在隱暗處扮演著靈性提升的地球雷達，守護並監控著。人類要減少在生命的殺害與掠奪資源中的貪婪與放肆，首要協助北極圈的生態平衡，解決與回復它。

地球在急速蛻變之下，北極圈能量場的分裂與混亂，重重地影響所有要跟上腳步的地球生靈。

新冠肺炎表面會因為疫苗出現而停止一部分，但是還會有未結束的篇章。毀滅與重建要維持在平衡。將來十二年間，如果大自然的提升力量逐漸穩定恢復，所有國家都全力聚焦在建造一個更健康的生活環境，綠色能源機制不斷地被各國聚焦並且開發，大自然恢復力若開始超過百分之六十，地球會進入更高頻率。在那時，我們相同的，也會得到宇宙的禮物，如發現可治癒愛滋病的藥物或各種療法，支持尚無法治癒的疾病等。

另一方面，會越來越多人投入地球的治癒工作。

Asha：

感謝阿斯卡土的訊息。再提問，您列舉的這些計畫，已經有某些靈性書籍或一些關注地球生態的科學家在大力倡導，但是地球的權力與資源，並未平均分配在這些有意願護佑地球的人手上，以至於地球願景一直都存在，但卻無法實踐……

阿斯卡土：

妳知道，地球的問題如此赤裸地在宇宙間暴露著，訊息肯定有進入地球，唯一不同的是，這次疫情將隔靴搔癢的靈性訊息強力推了一把，靠近並落實到生活中。

你們呼吸之間，都有看不見的病毒散布在空中。當你們知道這是個切身相關的事實，許多人開始意識到，保護自己也是保護他人。

同時，我也見到Asha的國家（台灣）總在每次臨危前，人民齊心支持配合決策的某些時刻，台灣上空閃耀著希望與光芒，這就是人類互助愛的本質。當大部分的人敞開心，願意維護地球，你們已經跟上了宇宙進化的大腳步了！

⊙悲劇的更深意義是人類意識的擴展

災難的肆虐背後，宇宙注入了鋪天蓋地的靈性品質，悲劇的更深意義是人類意識的擴展。

身心敏銳的你們可有覺察到，在疫情開始的期間，你們容易身心疲累，並且在深夜兩點到四點醒來？

自己頭腦壓制在潛意識下，逐漸釋放並且重整；所有壓抑的情緒，在這短短的一兩年，都需要實際面對。

非常恭喜你們，你們正是已經覺醒的進化人類！

以前，這些地球願景能顯化的速度，絕對不會有這幾年間你們藉由種種外在災難進而內化反芻來的快速。從隔靴搔癢到深入細胞、閃耀著高意識的光芒，在宇宙間迴響著：「人類們，加油，你們可以的！」

這次全球共同防疫的夥伴們，逐漸開始思考：何謂快樂？何謂簡單？何謂相互關心？當你們看到自己國家的防疫長官們如此地敬業與不懈怠，是否深深地對自己的國家感到驕傲呢？

更全觀進化的意義：你們是否為自己的生存意義感到光榮呢？

Asha：

為自己的生存意義感到光榮是指什麼呢？

CD高靈：

為自己天生本有的愛與他人共享，為地球注入心的力量，享受這樣的行動與意圖，認出這是人本生存意義的光榮。

當人類聚焦在維護生命時，許多原本罣礙與糾結的，都不再具有任何形式上的意義；對金錢的需要，也會逐漸在意識的提升中，有著不同的需求。

許多真心的愛，會在疫情期間，在人與人之間的氣場，種下美麗的種子；覺醒的人們從今開始，以愛為生命的出發點，以生命困苦的解脫為生命的目的地。

所有過去傳統制式並「以愛之名」控制他人的迂腐觀念，會逐漸地瓦解，取而代之的是批新新人類、新新小孩們的靈性延續與傳承……

⊙首先要照顧好自己的身心狀態

Asha：

阿斯卡土，請問如何將以上靈性訊息更深入地落實在現今世界呢？

阿斯卡土：

學習實踐基本的能力，全然接納、包容自己並且寬恕他人。健康與個人情緒有密切的相關，這當中也包含：將他人的投射收進自身，而不知排除並清理。

大家先照顧好自己的身心狀態，進而影響他人。

在每天的生活中，我們覺察到自己有無數的念頭。你們知道，這些念頭當中，混雜了多少外來與過去的記憶呢？而這些外來與過去的記憶，也混雜了過去生、過去集體的複製記憶。

我們暫且將過去生的種種記憶放在一旁，因為，只要簡化並且單純地在每日的念頭中歸零並且清理，其實就是在對整體的自己做最好的排淨。

排淨心理與身體情緒的方法

阿 **FA** 高靈（Asha 帶領高靈中專精身體健康層面的）：

排淨心理與身體情緒，適合每日練習：

- 將雙腳與肩同寬，赤腳。
- 從會陰處拉出一條朝天空筆直拉高拉直的隱形線，延伸到無限，左手彎折，將手掌放在右肩膀，右手臂往前伸直。
- 冥想八個無限的符號，深吸一口氣時，一次性將八個小無限吸入，並且下個意圖，讓這些無限自行清理自己一整天囤積的身心毒素。
- 如果對於冥想較沒有把握，同樣的動作與姿勢，可長長且輕輕地發出兩個聲符「Hom wu」八次。
- 最後，放下雙臂，雙手合十，並感恩宇宙天地之愛與護佑。

⊙撞擊出一條生路後的未來生活

Asha：

有一回高靈們在Podcast【Asha & Divya神聖療癒空間】中提及「是否支持疫苗施打」，也聊到，「人類還沒撞擊出一條屬於自己的生路」時，暫時是需要疫苗的協助。對話中高靈們有舉例，如果把人類意識遇到疫情大體上分為四階段的進化，第四階段不施打疫苗是可行的。全球經過一年多的學習，平均正從二邁向三，台灣目前是從一點五邁向二？可以與我們分享這四階大致上的意義嗎？

CD高靈：

在分享這四階之前，需要讓大家清楚地知道，地球正在發生的災難，是宇宙進化的重要環節之一。

地球空間的各種危機與混亂之外，有更大整體的宇宙能量包圍並且龐大地注入，逐漸在影響著人類意識的提升。能感應到的人類們，便會不停歇地自我改變，不停地重組個人五感與身心需求，逐步地朝向更簡化與清靜的生活方式。

對未成熟疫苗的恐懼之說，也會在地球大肆蔓延，並引發各種恐懼與對立。

更遠觀地看，種種對立之外，宇宙大勢能的愛與淨化力量，卻遠比人類的恐懼與危機來的更廣、更厚實，顯著地存在地球周圍。

我親愛的地球朋友們，你們是完全被深深地眷顧與保護著。

回到妳所提的四個階段。

第一階就是大家維持在疫情前的生活樣貌，忙碌與遲鈍的五感。

一點五就是面對集體迎來的「恐懼」，宇宙在這階段有一主要大目標：讓台灣人民能體驗同島一命、同島一心的生命觀。在身、心、靈每個層面的對立面，會在這階段，毫不隱藏地裸露出來。

讓自己維持在正向平衡與時時穩定中軸，便能讓這恐懼之火，從自己生命的幻象中逐漸淡出。逐漸地，病毒也會因此回到各自互不侵擾的空間。

關於身體部分，最直接面對的是，病毒在體內肆虐、接種後的猝死。

毫無規章的引爆方式與共染中，能讓身體撞出最大生路的一個重要指標——停止使用非純淨自然的食物。隨意製造出來的食物充斥在我們的生活中，封城期間，勢必要靠自己的雙手做出最靠近自己與家人振動頻率的食物。

減少外食與外出，長時間在自己的空間，已經讓我們的身體有充分的休息；

同時大家的五感在沒有過多的刺激之下，人體的味覺會自動地重組並摧毀慣性，且更細緻、敏銳地恢復原本最天然的味覺習慣。

簡化的人際關係，因為不過度頻繁接觸外界，而對氣場有了最好的維護，身體會逐漸對於「習慣簡化後保有能量」產生好感與需求。

另外，許多餐廳面臨經濟的危機。在這恐懼之中，如果在被迫的壓力之下，在不忙碌之中，感官與意識重新重組與提升，相信有些具有靈性意識的餐廳業主，也會在食物上，選擇與以往更不同的調理方式。畢竟我們正龐大地浸泡在宇宙更大的意識場中，封城期間感官逐漸甦醒，親自體驗「靜」與「淨」。

身體還有另一層面，可幫助自己更穩定與排毒淨化。有意識地調整呼吸，學習讓呼吸放緩並深沉。這時候非常適合學習瑜伽士們的各式呼吸法，是對身心最直接的排毒淨化。

學習讓身體完全簡化，更深地呼吸，重新喚醒自己天然的自癒能力，並且調整至最佳狀態，適應疫苗進入體內產生的衝擊。

Asha：

有次與印度溼婆神連結時，祂提及，疫情嚴峻，人類正用身體去面對大挑戰。

祂提到兩個部分，第一個是：印度是個靈性的國家，許多優質的瑜伽呼吸法，非常適合重整出身體的最佳狀態。祂提及，最直接的摧毀背後，往往有更大勢能的爆發與清理。祂建議我靜心時，觀想火從頭頂進入，慢又深沉地呼吸，吸氣到哪個深度，火就隨之到身體相應的部位。火燃燒著自己積生累月存留於身體的恐懼，並流向大地，成為大地的動能。

濕婆神也提到，印度如此靈性與具備修習的國家，為何面臨比起其他國家更嚴峻的挑戰？一部分是靈性修習中的每個靈魂意願，共體承擔與持守服務整體的意識操守，是這些選擇印度這個國家誕生的靈魂志向。

另一部分，印度是靈性國家，整體相當大的部分尚停留在膜拜權威，保守於自己在神之下的渺小與需求庇護的欲求，某個層面是在虔誠的交託中；疫情引發了個人積生累月迴避的自主意識，交託神的前提，卻忽略了人可以為自己的安全做出最好的保護。宗教權威式的靈性國家，正在衝撞並且走向「經驗何謂內在神性、何謂自身的力量」。

阿斯卡土：

直接與大家分享第四階段。具有第四階段意識的人類們，他們無懼於新冠病毒，也無懼於各種挑戰，但他們會有智慧地，在生命的各種選擇之中做出最適合當下的選擇；看見恐懼，靜定地轉化自身，而不至於被恐懼操弄。

什麼樣的人根本不需要施打新冠疫苗？居住在簡化與乾淨的環境中，有非常敏銳的直覺與五感官，即刻清楚，當下所在環境相應於自身的優與劣。

有些人會因身心狀態，穿梭來回於不同的階段。如果覺察自己尚有恐懼意念，或者現實層面中與人接觸頻繁，必須選擇施打疫苗，也可以強化心念與深沉呼吸，協助身體與疫苗共振出健康平衡的能量場。

如果大多數的地球人具備第四階段意識的存在狀態，尤其是每個具有改變國家命運的掌舵者，如果有這樣的意識敏銳度，疫情能帶給他們撞擊出的是：在將來三十年間積極地創造綠色世界。

科技與醫學是人類從宇宙自帶擷取到人世的聰明才智。疫苗急救人類正面臨的挑戰，同時平行並進，敏銳地協助所有人們回歸最簡化的生活；各國領袖臣服並挑起責任，無私地協助現今耗弱的地球，走向逐步恢復的平衡之中，那麼三十年後的地球，將是個自然療癒場，培育出高意識的新人類。

疫情封城情況下，當五感重新甦醒，小小的味蕾正蛻變時，讓更多蔬食取代動物性飲食。身體開始對最原始、最本質的食物充滿興趣時，就會相對進展至心靈。

口需求簡單了，在心靈層面帶給口的這部位器官，最直接的進化是：不再以製造對立與是非為開口的需求。所有掌舵者若開始滋長出心靈的力量，那麼，地球將進入成為一個自帶光芒的存在星球。

Asha：

以現在地球二升三的意識狀態，我們可以以疫苗的方式，暫且維持表面和諧的生活？心靈的成長在這樣粗糙的地球環境中，真能有機會撞出人類最佳生存的一條生路嗎？

阿斯卡土：

敏銳的人會盡全力讓自己搭上這艘大蛻變的船，細節將來高靈們再一一分享。

各國領袖們自然有部分比例，會接引到宇宙要透露的進化密碼。

與其我們在思考，整體地球是否有機會大躍進，大家恢復生活後是否有心改變生活方式，倒不如讓聽見、聽到的這些人，持之以恆並充滿決心，穩穩地向前走。

我們有把握的是：讓來到眼前的人，充滿信心地在意識道路上，為自己與他人盡心盡力。

二升三的意識狀態，其一最顯著的是：引導全人類學習臣服與瓦解狂妄自大。在面對這具挑戰、多變詭異的新冠病毒前，不輕忽、不恐懼，充滿勇氣與信任的同時，謙遜與尊重。

某個層面已經被迫式地再前進，在還沒有撞出最佳的生存方式前，受限的行動自由和不如以往理所當然的生活模式，會反覆地出現。務必記得：受限的最大受益，是你、我心靈的自由，愛的聯網，全球合一。

面對各種集體對立、陰謀論調前，穿透明暸這一切都是生命、人類、地球的幻相，所有經驗都是永恆的幻相。

看到書的結尾，你們想穩穩踏步向前邁進，還是糊裡糊塗、悲觀地等待著疫情緩解後的生活呢？

地球一心，整體提升。

Asha、高靈、阿斯卡士

二〇二一年七月十三日

清理、淨化、靜心導引

淨化靜心是深入延伸書中有關靈魂復位的練習，在短短十五分鐘的高靈傳訊中，提供了三個層面的清理：

・身體層面的清理。

・大部分的情緒和負面記憶的印記，都記載在我們的身體脊椎中。協助自己靈魂復位，與脊椎緊密貼合，會有完整的修復與療癒。

・觀想宇宙無限清理全身，啟動與宇宙本體的連結。

導引影片

後記

本書有幾乎一半的訊息，是在疫情爆發前二〇一九年八月接訊時書寫的，阿斯卡土與冥王星存有對健康議題都有特別提出。

再度重新書寫是二〇二一年二月至七月。祂們說，接下來的五年間，我們要非常專注於身體的鍛鍊與乾淨的飲食。即使打了疫苗，都要讓自己的免疫系統在各方面更加強提升，藉由呼吸讓自己緩和下來，避免恐懼與緊張。時時為自己畫上金色大無限，縱貫全身，調整自己與病毒環境或疫苗的不協調。

也請讀者多關注【Asha 與高靈】粉絲頁，或免費加入 Ashaspace 網站會員，不定期會有高靈們帶領跟本書相關的靜心與課程。

FB 粉絲頁

Ashaspace 網站

國家圖書館出版品預行編目 (CIP) 資料

愛是唯一的吸引力法則：聽高靈談情．說愛 /Asha 著 .
-- 初版 . -- 臺北市：商周出版：英屬蓋曼群島商家庭傳媒股份有限公司城邦分公司發行 ,2021.06
面；　公分
ISBN 978-986-0734-72-0（平裝）

1. 靈修　2. 修身

192.1　　110008319

愛是唯一的吸引力法則：聽高靈談情．說愛

作　者　Asha
責任編輯　徐藍萍

版　權　黃淑敏、吳亭儀
行銷業務　周佑潔、劉治良
總編輯　徐藍萍
總經理　彭之琬
事業群總經理　黃淑貞
發行人　何飛鵬
法律顧問　元禾法律事務所　王子文律師
出　版　商周出版　台北市南港區昆陽街 16 號 4 樓
電話：(02) 25007008　傳真：(02)25007759
E-mail：bwp.service@cite.com.tw
發　行　英屬蓋曼群島商家庭傳媒股份有限公司城邦分公司
台北市南港區昆陽街 16 號 5 樓
書虫客服服務專線：02-25007718　02-25007719
24 小時傳真服務：02-25001990　02-25001991
服務時間：週一至週五 9:30-12:00　13:30-17:00
劃撥帳號：19863813　戶名：書虫股份有限公司
讀者服務信箱 E-mail：service@readingclub.com.tw
香港發行所　城邦（香港）出版集團有限公司　香港灣仔駱克道 193 號東超商業中心 1 樓
E-mail: hkcite@biznetvigator.com　電話：(852)25086231　傳真：(852)25789337
馬新發行所　城邦（馬新）出版集團 Cite (M) Sdn Bhd
41, Jalan Radin Anum, Bandar Baru Sri Petaling, 57000 Kuala Lumpur, Malaysia.
Tel: (603) 90578822　Fax: (603) 90576622　Email: cite@cite.com.my

封面設計　張燕儀
印　刷　卡樂彩色製版印刷有限公司
總經銷　聯合發行股份有限公司　新北市 231 新店區寶橋路 235 巷 6 弄 6 號 2 樓
電話：(02) 2917-8022　傳真：(02) 2911-0053

2021 年 7 月 29 日初版
2024 年 7 月 12 日初版 2.8 刷

城邦讀書花園
www.cite.com.tw

Printed in Taiwan

定價 300 元

　ISBN 978-986--0734-72-0